一路顺丰

"快递之王"的传奇人生

刘志则　张吕清/著

时代出版传媒股份有限公司
北京时代华文书局

图书在版编目（CIP）数据

一路顺丰："快递之王"的传奇人生 / 刘志则，张吕清著. -- 北京 ： 北京时代华文书局，2016.12（2021.3 重印）

ISBN 978-7-5699-1314-9

Ⅰ．①一… Ⅱ．①刘… ②张… Ⅲ．①王卫一生平事迹②邮件投递－民营企业－企业经营管理－经验－中国Ⅳ．① K825.38 ② F632.3

中国版本图书馆 CIP 数据核字（2016）第 298552 号

一 路 顺 丰 ：" 快 递 之 王 " 的 传 奇 人 生

Yilu Shunfeng Kuaidi Zhiwang de Chuanqi Rensheng

著　　者 ｜ 刘志则 张吕清

出 版 人 ｜ 陈　涛
责 任 编 辑 ｜ 石乃月
装 帧 设 计 ｜ Gakana
责 任 印 制 ｜ 刘　银

出 版 发 行 ｜ 北京时代华文书局 http://www.bjsdsj.com.cn
　　　　　　 北京市东城区安定门外大街 138 号皇城国际大厦 A 座 8 楼
　　　　　　 邮编：100011　电话：010 - 64267955　64267677
印　　刷 ｜ 环球东方（北京）印务有限公司　0316-5922090
　　　　　　（如发现印装质量问题，请与印刷厂联系调换）

开　　本 ｜ 710mm×1000mm　1/16　印　张 ｜ 17.5　字　数 ｜ 208 千字
版　　次 ｜ 2017 年 1 月第 1 版　　印　次 ｜ 2021 年 3 月第 4 次印刷
书　　号 ｜ ISBN 978-7-5699-1314-9
定　　价 ｜ 39.00 元

序 言

2015 年下半年以来，申通、圆通快递巨头纷纷抢滩登陆 A 股市场，中国快递巨无霸顺丰一改一贯的低调风格，高调借壳鼎泰新材准备上市。继申通、圆通拟借壳登陆 A 股之后，又有一民营快递巨头即将上市，成为 2016 年初夏资本市场和各大媒体财经专题中最为显眼的爆炸性新闻。"快递一哥"顺丰王卫一时间成为人们茶余饭后津津乐道的话题。

2016 年 7 月，一则"韵达快递作价 180 亿借壳上市"的消息，再次将 2016 年快递企业上市潮推上舆论风口。

当下，互联网和大数据风潮来袭，快递行业"薄利多销"的白热化竞争令人窒息。快递市场的惨烈竞争已上升至"你死我活"的程度，混乱无序的"价格战"更是刀光剑影。上市已成为快递企业打开资本市场的燃眉之急。同时，随着快递行业上市潮的到来，行业的"大洗牌"也有可能随之加速。

在中国有这样一家企业：它有 20 多万名低调经营、勤奋如"蚁"的员工出没在城市的街头小巷和楼宇单元，2015 年更是创造了 481 亿元之巨的营业额。

在这个广告漫天飞、喊自己"天下第一"都嫌不过瘾的年代，这家企业好像跟广告绝缘。让众多的广告商家垂涎三尺，却拉不来他们一"铜板"生意。

能在纽约证交所、纳斯达克证券交易所或者香港联交所上市圈钱，始终是国内一些公司的终极梦想，可是这家公司对上市一点都不感冒，好像打了长期的免疫针。

众多的PE（私募股权投资）和VC（风险投资）公司为了能和这家公司的老总共进晚餐，以便展开游说，竟对中间人开出了50万元"买路钱"的价码。而美国花旗银行为了和这家公司"拉起手，做朋友"，给中间人做出许诺，一旦战略投资完成，将给中间人1000万美元的"辛苦费"。可是目前还没有哪个"法力高深"的中间人，有赚这笔巨款的本事，这家企业的老总，甚至连面都不见。

1995年，荷兰国际快递巨头天地快运为在中国"抢滩登陆"，曾经向这家公司伸出"买断"的橄榄枝；2003年，美国的联邦快递曾经急切地向这家公司递过送钱的"小手"，几十亿元的收购价格，真的令人面红眼热，但这家公司给出了掷地有声的回答："儿子"不是用来卖的。

2003年，"中国电商教父"马云为了阿里巴巴的发展，曾经亲赴香港，两次约见这家企业的老总而不得，但马云还是说，（我）最佩服的人就是顺丰掌门人王卫。

不错，这家神秘的公司名叫顺丰速运，该公司的"一哥"就是身披"隐身斗篷"的王卫——王是王者之王，卫是卫冕之卫。

王卫真的是太神秘了、太低调了，如果不是2010年春天，他在香港九龙塘喇沙利道，斥资3.5亿元港币购地，自建了两栋4层楼高的别墅，惊动了媒体打瞌睡的眼睛，王卫还得继续一路开启"在线隐身"模式。

香港有一名无孔不入的"狗仔队"队员，他发扬一不怕苦、二不怕死的"小强"精神，利用"特务"手段，打进了香港顺丰公司的内部，以快递员的身份为掩护，偷偷拍下了王卫的照片，并将其发到了互联网上，王卫的真容才并被广大网民所目睹。

王卫曾在 2012 年荣登中国最具影响力的 50 位商界领袖排行榜，并入围 2012 CCTV 经济年度人物；2013 年，王卫位列福布斯中国富豪榜第 22 位，财富额为 237.9 亿元人民币。2014 胡润富豪榜榜单显示：顺丰王卫以 240 亿元身家成为物流界最大富豪。2015 年，44 岁的王卫入围《财富》商界领袖榜单。2016 年，王卫连续 5 年入选《财富》"中国最具影响力商界领袖"榜单。

功成名就后，王卫是不是应该躺在功劳簿上，好好享受一下？他是不是半夜做梦都会被自己取得的成绩笑醒？错，王卫干快递，不是为了出名。他躲避记者、和媒体绝缘，甚至连邮政部领导的召见都婉拒了。

王卫干快递，更不只是为了金钱。王卫在一次内部讲话上，这样动情地说："顺丰的愿景是成为最值得信赖和尊重的公司。"

谈及顺丰速运的目标和愿景，王卫这样讲："相信我，顺丰一定会成为中国的联邦快递。"虽然王卫的讲话声不高，但振聋发聩、掷地有声。他以语言为笔、以汗水为墨、以行动为纸，为顺丰的员工、为任何一个关心顺丰的同人，勾勒出了一幅无比绚丽的理想画卷。

当大数据时代风潮来袭，王卫抢滩资本市场如能顺遂，能否最终实现自己的理想？让我们拭目以待，并满怀期许。

目录 Contents

第一章

为什么王卫只用 3 年
就能当上顺丰总裁

快递远远没有收货、发货这么简单，给你三年时间，三十个亿，你也砸不出一个顺丰来！

　　　　　　　——快递物流咨询网首席顾问　徐勇

1　王卫说：成功并非来自偶然

2016 年 5 月 23 日，国内快递巨头顺丰一改一贯低调风格，高调借壳鼎泰新材，成为继申通、圆通拟借壳登陆 A 股之后，又一即将上市的民营快递巨头。"顺丰上市"成为 2016 年资本市场为数不多的津津乐道的话题。

人们对顺丰最初的认知，可能来自于价格。很多寄件人发现这家叫顺丰的快递公司，价格总是比别的公司要高，所以很多对价格比较敏感的人，往往会果断放弃顺丰而另寻他家。

这可能是 2009 年之前人们对顺丰快递的普遍认知。

按照这样的看法以及一些普适的经济规律，很多人会得出这样的结论：估计这家公司撑不了多久。事实并非如此，顺丰没有随着 2008 年那场经济危机倒下，而是越做越大，将快递从地上做到了天上，稳稳坐上了民营快递业的头把交椅。

这究竟是怎么回事？仿佛就是一夜之间的事情，黑色为主调，红白为显著标识的快递转运车飞奔在中国大中小城市的主、次要干道上，骑着单车、三轮车的快递员穿行于各个城镇的大街小巷，人们似乎不再顾虑多掏几块钱，而是点名由顺丰收送快件。

看似简单的变化，包含着一个巨大快递王国从无到有、从小到大急速壮大的商业秘密。一个谜一样的企业王国，有着一位谜一样的缔造者，人们几乎天天可以见到顺丰快递的投递员，却几乎从未见过顺丰的老总长什么模样，这似乎又是顺丰让人难以理解的一个方面。当下谁都知道要重视市场营销，每个企业恨不得使出浑身解数把自己的品牌和产品推到大众面前，小企业如此，大企业如此，超级企业更是如此，就如马云之于阿里，马化腾之于腾讯，雷军之于小米，刘强东之于京东……企业领袖的辨识度越高，企业的辨识度自然就越高，他们是各自企业最好的代言人。

不过，顺丰没有如此。

种种迹象表明，顺丰的成功完全不遵循常规，这难免让人认为顺丰的成功只是一个偶然事件而已。不过顺丰的老总王卫在面对质疑时这样说："坦白讲，我不太相信偶然，为什么会有偶然？因为无知才会相信偶然，突然中了大奖，不知道为什么，就会觉得是偶然。当所有的因素都集中到一起后，你再去比对，你会知道这是必然。我们现在要做的，就是利用顺丰这个不错的平台，把未来很多不确定的、看似偶然的东西变成必然。"

从偶然到必然的过渡，显示了王卫对于企业的理解：市场根本不相信成功的偶然性，一切的成功都来源于必然。

1971 年，王卫出生在上海市一个富足的家庭中，父亲是一名俄语翻译，母亲是一位大学教师，这样的家庭是典型的书香门第，按照那个年代的思路，这种家庭出身的孩子将来必然会以学业为重。不过，这里的必然性假设没有在王卫身上成真，因为这一切被父母的一次重要决定打乱了。

7 岁时，王卫随父母举家前往当时还在英国管辖之下的香港。到港后，王卫一家的生活发生了天翻地覆的变化，因为父母的学历和工作资质在香港不被承认，只能从事一些简单的工作，家庭收入一时骤减，甚至一家人的生活都有些困难。头脑聪明的王卫高中毕业后，没有选择继续读书，而是决定去打工。

他在叔叔的工厂里做起了小工，这在当时的香港社会中十分普遍，人们身处在那样一个商业氛围浓厚的时代，选择提前走入社会赚钱再正常不过，这也符合香港 20 世纪七八十年代所奉行的"狮子山精神"。1973 年香港电视台开始播放一部单元剧《狮子山下》，轰动全港。至 1994 年，已经播出了 21 年。这部剧讲述了香港普通市民逆境自强、依靠勤劳发家致富的励志故事。

在这种社会和文化氛围下成长起来的王卫对未来充满期望，尽管开始时有些辛苦，但他骨子里那种不愿意墨守成规的思想，一直驱动着他去实践各种可能成功的方法。他先后尝试着开工厂等各种生意，但都以失败告终。不过，这些失败反而激发了他冲击更大成功的斗志，同时逐渐培养了他商人的眼界和才干，让他在接下来的道路上能抓住任何一个看似偶然的机会。

后来，王卫只身来到广东顺德，并在那里做起印染生意。印染生意并没有让他获得多少金钱上的成功，却让他发现了一个隐藏的"商机"，正是这个偶然的发现，在不久的将来完全改变了他的生活。

2　"水货佬"也有春天，顺丰落地生根

在做印染生意的过程中，王卫发现样品检验是一个非常重要的环节。在生产过程中，厂家都需要把样品拿给客户确认，客户满意之后才能开始批量生产。王卫的印染厂也一样需要遵守这样的流程，不过每次样品、急件的中转递交，往往需要很长的时间。例如，如果香港的客户想要看印染样品，顺德这边的厂家就需要走报关、邮寄等程序，这样一来一回，最快也要一周时间。这大大影响了印染订单的快速达成，也就影响商人们赚钱的速度。

一些精明的人看到了其中的商机，他们纷纷帮在广东设厂的商人把样品从码头带去香港。王卫也发现这样做的效率的确提高不少，他也会

经常让人捎带样品到香港。这些帮人捎货的人被称为"水货佬"，他们每天的工作就是往返于深港之间，以私人挟带的方式将通港货件运往香港或者内地。

王卫是这些"水货佬"的客户之一，有时候也充当"水货佬"的角色，帮朋友将货件带到香港。当然，王卫大多数时候是义务帮忙，有时候朋友们觉得这样麻烦王卫很过意不去，提出给他一些报酬，但往往都被王卫拒绝了。不过，这种委托越来越多，有一次因为受托的货件太多，他的拉杆箱都放不下，情急之中王卫突然意识到这也许正是一个千载难逢的商机。

时值 20 世纪 90 年代初期，香港有 8 万多家制造企业转移到内地，其中入驻珠三角的有 5 万多家，这直接造成香港与珠三角之间的信件、货运量激增。受制于当时的政策和经济环境，香港与内地之间存在着关税壁垒，这让两地间的货运、物流往来成了一大难题。

王卫清晰地看到了这些情况，结合自身的一些经历，他开始琢磨一个新的创业思路。他首先跟朋友们交流了自己的想法，大多数人表示非常欢迎，本来他们就觉得让王卫免费捎带很不好意思，现在有这样的机会对他们来说再适合不过。当然，也有一些人对此表示怀疑。不过，王卫当即下定决心要做快递第一人。

当时，整个珠三角的快递格局是国内的邮政"一统天下"，经历过那个时代的人都知道邮政速递是个什么概念，根本就不能称之为"快递"。国外一些成熟的快递企业对珠三角这块肥肉虎视眈眈，但苦于各种政策壁垒无法进入。珠三角的民营快递业基本上属于一片空白。

机遇来了，就要毫不犹豫地抓住。正如当时的比尔·盖茨虽然身处世界一流名校，但当他得知第一台个人电脑问世后，立即决定从哈佛退学，因为他意识到这是一次百年不遇的机会，抓住它要比获得哈佛的毕业证更重要。正如有人所说的："机遇有时候是神秘的，有时候又会装扮成失望出现在你的面前，当机遇出现时，它们也从不佩戴财富、成功或者荣誉的标志。因此，在做每一件事情时，你都要竭尽全力，当然也要苦练个人本领，否则即便是最好的机会，都会从你身边无声无息地溜掉。如果有人错过机会，多半不是机会没来，而是因为机会过来时，没有一伸手抓住它。"

王卫深谙此道，他果断离开了印染行业，决定做专业快递。他跟父亲谈了自己的想法，父亲非常认同，并且为他提供了 10 万元港币用于创业。王卫拿着这些钱立即返回顺德，很快便办完了成立快递公司的一切手续。几天后，他又在香港旺角和太子之间的砵兰街租了一间十几平方米的店面，公司唯一的业务就是替企业运送信件到珠三角。由此，顺丰公司正式诞生，虽然当时是悄无声息的，但日后它的名声犹如一声惊雷响彻九州。

经济转型和发展过程中，必然会产生一系列新的需求，一些看似不起眼的需求，往往蕴藏着无限商机。正如美国大都市图书集团的老板珍妮弗·巴斯叶·桑德和彼得·桑德在《在空白处创业》中所描述的："每位未来的企业老板都要问自己——采取什么措施才能让我的企业不至于倒闭呢？在很多情况下，这个问题的最佳答案是——寻找一个可以盈利的缝隙。"

王卫找到了他的缝隙，在提倡万众创新、大众创业的今天，对于每个立志走入创业大军的人来说，机遇和缝隙才是最终的出路，一旦机遇出现了，便立即伸手握住，一旦抓住了就能打开通往成功之门。

3 割价圈地，迅速崛起为深港快运龙头企业

起初，王卫的公司加上他自己仅有六人，他从未将自己视为老板，而是和大家一样每天都要起早贪黑地收送快件。不论寒暑风雨，他们都会穿行在大街小巷，即使摔倒了也要爬起来继续。如今，王卫再不用背着背包、拉着拉杆箱去送件，但是他的腿上留下了很多深浅不一的伤疤。

与他一起经历过那段艰苦岁月的员工回忆说："那时候，大家围在王卫身边，同吃同住，每天唯一的任务就是跑市场。我们的业务员像疯了一样，每天早出晚归，骑着摩托车在大街小巷穿梭。"王卫等人在创业中表现出来的这种精神就是狼性精神，这是每个创业成功者身上特有的一

种品质。在人看来狼非常凶狠，但是它的生存环境并不优渥，也正是这种境遇，让狼在面对恶劣的环境时，往往能够释放出一种不屈不挠的精神，从而让自己生存下去。每一个身处创业阶段的人都应该具备这种狼性精神，像狼一样时刻保持强者心态，无论环境如何艰险，竞争如何残酷，都要积极地投入战斗，并坚持到底。

要说当时珠三角的快递业没有竞争那是不切实际的，大量涌现出来的"水货佬"不会因为看见有人做起来一个公司就放弃谋生的行当，相反他们会更加积极地加入竞争。不仅如此，"前有车"必定就会"后有辙"，大大小小的快递公司如雨后春笋般出现在珠三角。此时，珠三角的快递业生气勃勃，在混乱中又暗藏着此上彼下的生死较量。市场是公平的，竞争是残酷的，要想生存下去，就必须要使出浑身解数。

王卫和他的团队凭借着那股不怕苦累，甚至不怕死的狼性精神初步站住了脚跟。接下来，他们需要面临的问题就是，如何迅速扩大"地盘"，增加业务量。市场不容许有任何懈怠，否则接下来倒下去的就是你。

此时，生存就是硬道理，员工的饭碗、企业的发展是头等大事。拼速度、比服务显然不能称之为核心竞争力，因为你快，别人能更快；你服务好，别人可以更好。唯有低价才是撒手锏。当时，别人带一件货要收70元，而王卫只收40元，这一策略非常有效，一下子就为顺丰赢得了大量业务。

简单粗暴的割价策略让顺丰的触角延伸到整个珠三角地区，曾经冷清的砵兰街也出现了前所未有的繁忙景象。王卫的邻居对此印象深刻："那时候这条街基本上没什么人，他来了之后，一直有车来拉货，慢慢地这里开始有别的公司，还有其他店。他带旺了整条街。"

到了 1996 年，顺丰不仅从众多快递公司的竞争大战中突围，还形成了对整个深港货运的垄断之势。当时，两地陆路上 70% 的快递业务都属于顺丰。顺丰给同行们带来了压制性的威胁，同行们也许出于嫉妒，给顺丰送上了一个贬低性的称谓——老鼠会。

不过这倒与当时顺丰的现实非常匹配。繁忙的业务之下，王卫只得每天带领团队打包至深夜，在顺德稍显冷清的街道边，只有他的那间小屋整夜透出昏黄的光亮，他们像极了深夜才出来觅食的老鼠。不仅如此，当时的顺丰就是个"草根部队"，他们不仅没有统一的标识，快递员的着装也是五花八门、千奇百怪，交通工具也是各式各样，有开货车的，有骑摩托车的，还有步行的。

正是因为这种杂乱无章，让顺丰看起来根本不像一个制度完善、管理有序的企业，更像是一窝没有章法、各行其是的"老鼠"。

实际上，真实的情况并非同行所鄙夷的那么破落。

虽然顺丰的业务以一种不规范的形态起步，但这正是当时整个快递行业的缩影。当时，快递市场政策监管缺失，没有什么进入门槛，初期存在大量竞争者。尽管如此，王卫还是很快从混乱的局面中抓住关键，把业务带上正轨。王卫的手下认为，这取决于王卫"从不做投机生意"的原则。"做走私的人只想走私，你让他做企业，做不来呀。"

在接下来的发展中，王卫建立起正常的通关途径，政策的开放和完善也带来了机会。王卫趁机将零散的"挟带"生意集合起来，包装成统一快件，逐渐形成了系统化的快递运作模式。与此同时，王卫在关系网的搭建方面也下足功夫，跟他打过交道的人都这样评价他："王卫是个能力很强的人，为别人考虑，讲诚信，看得长远，能够处理好与政府、客户等所有人的关系。"

　　在王卫精心运筹下，顺丰的生命力开始展现。许多在这条线路上起家、看似光鲜的企业，都没有坚持太长时间，但顺丰的深港货运，成就了王卫的第一桶金。不仅如此，王卫也为顺丰未来更大的发展做了充足的铺垫。

　　当时的顺丰与政府部门建立了良好的关系，1997 年是香港回归之年，作为国企的中铁快运希望通过铁路打开香港的快件市场，最后被派去广东谈判的人却出师未捷，被当地海关拒绝了。事后，中铁快运了解到，几乎当地所有通港业务都已有一家企业垄断了，即便中铁快运开通了这条线，也拿不到足够的订单。这家公司就是顺丰速运。

　　顺丰在短短的三年里，从水货佬、挟带客的身份成功转变为深港快运第一龙头企业。此时，王卫不过 25 岁，已经从一名快递小哥变成身家百万的企业老板。也许有人觉得王卫是因为发现了珠三角快递业的空白才获得了成功，然而如果没有后来他不要命的拼搏，估计这种幸运还是不能延续下去。

　　正如马云在总结自己创业成功的经验时说："永远不要跟别人比幸运，我从来没想过我比别人幸运，我也许比他们更有毅力，在最困难的时候，他们熬不住了，我可以多熬一秒钟、两秒钟。有时候死扛下去总是会有机会的。"

4　理想和追求像只大手，推着人不断前进

　　毛曾说："我唯一锲而不舍，愿意以自己的生命去努力的，只不过是保守我个人的心怀意念，在我有生之日，做一个真诚的人，不放弃对生活的热爱和执着，在有限的时空里，过无限广大的日子。"一个有情怀、有理想的人，才能不断地超越自我，实现自我的价值。王卫身边的人说，王卫是他们见过的最有钱的工作狂，这多半源于王卫创业初期养成的职业习惯。20 多年来，他每天工作 14 个小时再正常不过，还定期到一线收发快递。之所以如此，是因为王卫是个理想主义十足的人。

　　这恰恰是他能够让顺丰"一帆风顺"的内在动因。正如王卫在一次

公司的内部讲话中说的:"我觉得企业和人一样,如果有一些理想,做事的态度和结果可能会完全不同……企业要想长远发展,还要有一点艺术家气质,而营业额可能是水到渠成的事。"可以说,理想就是成功的原动力,可以让你在想偷懒的时候立即头脑清醒,在理想激励和鞭策之下,人就可以始终保持一种昂扬、激奋的状态,积极进取、创造,向着美好的未来挺进。

这就是很多人创业没有成功,而王卫成功了的原因。因为很多人在创业的过程中缺少一种情怀,一种追求理想的热情。实际上,顺丰不只王卫是这样,他们的员工更是这样,大家在理想的感召下工作,不会觉得工作有多苦、多累。

小江是顺丰一个点部的组长,大学毕业后便进入顺丰,从基层员工一路做到组长,凭的就是对工作的美好追求。小江从国内某知名大学物流专业毕业,当时最想进入的工作单位便是顺丰,尽管顺丰只给他一个基层的工作岗位,但他还是开心地接受了。几年来,除了每天最基本的点部现场管理工作,他还要亲自分件、搬货、整理报表,经常外出拜访客户,进行关系维护工作,各项工作十分繁杂,而且承担整个点部的业务量、问题件、收派时效、服务投诉等各种考核压力。

有人觉得凭借他的能力和学历到其他公司一定可以获得更加理想的职位,但小江仍旧觉得自己应该留在顺丰,因为这里能让他的理想变成现实,让他感觉在公司做事情特别有奔头。这话并不是虚言,是有事实依据的。小江亲眼见到过身为顺丰总裁的王卫在一线送快递,这并非是普通的作秀,而是真正地深入一线。

　　小江认为王卫之所以在功成名就之后仍去做最普通的收发快递工作，就是那份对事业的追求和情怀使然。

　　一个有理想、有追求的人不可怕，可怕的是一个企业自上而下所有的人都在为理想努力，这样的企业想不发达都难。正如王卫在一次访问中所说的：“一棵大树，露在外面的树干和树冠能否真正经历暴风雪，取决于它深入土壤的根系是否扎实和健康。我相信，只要公司内部先做好了，只要我们内部对顺丰的企业文化形成了一种信仰，那离外部对我们的信仰也就不远了。”

　　王卫把理想和追求作为感召员工的企业文化之一，一个只会赚钱的人和一个为理想而努力工作的人，后者更容易在自己的岗位上创造奇迹。就如把个人理想加在高科技翅膀之上的罗永浩，凭着一份理想主义的热情，寄希望自己能在未来创造出中国的苹果公司，一个十足的外行，却神奇地作出了让很多人爱不释手的锤子手机；又如雷军，一直不忘自己18 岁时立下的理想——希望自己能像乔布斯一样成功，果不其然，在 40 岁事业有成的时候，再次创业一手打造出小米手机；马云在成功之后说，他拼命奋斗的动力不是金钱、财富，而是深植于内心的理想……

　　可以看出，心怀理想和追求的创业者都成功了，理想和梦想越大，其动力也就越大。王卫在心里早就有了自己的理想，那就是做中国民营快递行业的老大，甚至是将顺丰做成一家世界级的快运公司，如联邦快递（FedEx）、美国联合包裹（UPS）。

　　只不过，有时候在迈向理想彼岸的过程中也会犹疑，从另外一个角度看，这恰好是对理想的慎重。

5 何去何从？是稳坐华南，还是逐鹿全国？

有人说，选择比努力更重要。的确，选择错误的方向，越努力结果越糟糕。反之，若方向选对，努力就有高额回报。1996 年，顺丰在通港业务上已然坐上了头把交椅，在整个华南地区顺丰的业务量无人能及。

这时一道关乎王卫和顺丰前途的选择题就凸显出来——是稳坐广东市场当好一方诸侯，还是继续开疆拓土进军全国市场？当时，顺丰内部就此问题展开了激烈的讨论，有人认为继续夯实和稳固华南市场，既可以保证充足的业务量和较高的盈利水平，也可以确保企业不用到更激烈的市场竞争中冒险。

实际上，就短时期内来说，留在广东继续深化和发展华南市场对于顺丰来说更加稳妥，但不利于公司进一步扩大规模，而大举扩张的直接问题就是资金和人力不足。对于一家刚刚成立三年的新公司来说，资金和人力是最为紧缺的重要资源，当时任何一家快运企业获得外部投资的可能性都几乎为零，甚至连贷款都是非常不易获得的。没有外部“输血”，仅靠自己短暂的积累是不可能承受这么大规模的对外扩张战略的。

尽管不可能，王卫还是很快便做出了决定，他对大家说，既然外部“输血”不可能，就自己“造血”，无论如何都得走出广东这一片天，去全国的市场闯荡一番。

王卫和顺丰一眼便看到了另外一个大市场——长三角经济带，包括上海市、江苏省、浙江省两省一市，这里是中国经济发展速度最快、经济总量规模最大、最具有发展潜力的经济板块。长江三角洲快速积聚的国际资本和民间资本，不仅规模越来越大，而且以其特有的活力强有力地推动着这一地区的经济发展。在快递业有一句话“得华东者得天下”，长三角在未来顺丰布局全国时的重要性可见一斑。

不过，此时长三角的快递业的竞争格局远比珠三角复杂得多。1993年，几乎在与顺丰在砵兰街开业的同时，浙江桐庐人聂腾飞和詹际盛在杭州创立了申通货运代理有限公司，主要帮助杭州的贸易公司把报关单在第二天送达上海。1995年，经过两年的快速发展，申通快递便扩张到了浙江的宁波、金华和东阳等地，1996年申通又扩张到了南京和苏州，1997年申通进入上升通道，闯进北京、广州、武汉、成都和青岛等城市。1998年，申通已经拥有了50多个网点，主要集中在长三角地区。

王卫的顺丰要想进入华东市场，就必须先拿下以申通为首的“桐庐帮”。王卫经过认真分析后发现，长三角的快运业企业虽然多，但基本上都没有章法，市场竞争主要以低价为手段，整个市场一片混乱。

著名的管理大师汤姆·彼得斯曾出版过一本名为《乱中取胜》的著作，书中对乱中取胜做了深刻的分析。他指出，"在混乱之中取胜"意为想方设法对付混乱，力图克服混乱，虽有混乱仍能取得成功。但这种态度失之过于被动，而且不得要领。真正的目的应当是把混乱视作必然，学会在混乱之上求得发展。未来的胜者必定善于正面迎接混乱，把混乱本身视为提供市场优势的源泉，而不是当作避之不及的头痛问题。对于聪明人来说，混乱和不确定性现在是可供利用的市场机会，而且将来也是。成功企业最大的成就正在于抓住转瞬即逝的市场异态。

王卫显然深谙此道，他将广东市场的成功模式复制到华东。当时，顺丰在广东市场主要以直营网点为主，来到华东后这种方式很快便出现了问题，显然华东市场更大，顺丰根本没有足够的资金在短时间内大量布点。此时，顺丰只有走"四通一达（申通、圆通、中通、百世汇通、韵达）"加盟的老路。当时，顺丰在长三角每设立一个网点，就成立一家公司，这些遍布长三角的网点和之前珠三角的网络共同搭建起了顺丰最初的快递网络。

当时顺丰并没有设立总部，虽然每家分公司直属顺丰的大网络，却各自独立、自负盈亏，在管理上相对松散。虽然这种简单的加盟方式存在的弊端一目了然，却使得顺丰迅速打入华东市场。

对于这种方式一度令王卫十分满意，随后的两三年，凭借这种滚雪球式的发展速度，顺丰又敲开了华中、华北等市场的大门，进入了高速扩张的时代，逐步形成了一张覆盖全国大部地区的快递网络，迎来了新一次的发展机遇。1999 年后，顺丰进入稳定增长期，逐渐成为民营快递企业中的巨头。

6　王卫的信仰：永远坚持企业信誉第一位

随着事业上的飞速成功，王卫个人内心也发生了一些变化。虽然初期创业时非常艰辛，但企业初具规模并赚得第一桶金后，王卫也未能免俗，像大多数从草根起步创业成功的人一样，感觉自己年轻得志，一时有些头脑发热。他在一次内部讲话时说："其实，我 25 岁的时候也曾经是一副标准的暴发户做派。我穷过，相当清楚贫穷和被人歧视的滋味。后来当我 25 岁赚到人生第一桶金之后，有点目空一切的感觉，恨不得告诉全世界，我王卫再也不是从前那个样子了，我也是有钱人了！"

那段时间，王卫完全沉浸在自己的成功中不可自拔，花钱大手大脚。不过，王卫很快就发现物质方面的优渥不能满足内心的精神需求，他感觉自己内心非常空虚、无所寄托。王卫在回忆这一段精神空虚时期说："我庆幸我找到了精神寄托——佛教。随着事业不断迈上新台阶，个人的眼界和心胸不一样了。这段时期也要感谢我的太太，她在我得意忘形的时候，不断泼我冷水，让我保持清醒和冷静。最重要的一点是，佛教让人内心平静，并且读懂了里面的因果关系，能够让人醍醐灌顶。"

领导者的清醒正是一个企业能够长足发展下去的决定性因素，如果没有这份淡泊，就不能心平气和地面对当时自身和企业所处的顺境和逆境。佛教能引导人内心平静，所以王卫信奉佛教。在学习佛教的过程中，王卫读懂了因果报应，他说："人一生的成就、际遇，与前世积下来的福报密切相关，不管你权力多大、财富多少，你都掌控不了很多东西，比如说你是男是女、什么地方出生、长相什么样、家庭是否富裕等，你更加控制不了今天运气的好坏、明天成功与否……人生有百分之九十九的东西你都控制不了，只有一个百分点你可以掌控，那就是做事的态度。这个态度包含两个层面，即采取积极还是消极，是接受正念还是邪念，这由你自己决定。如果你在这方面做出了正确的选择，就会把这一个点又放大成一百个点，弥补很多其他方面的不足。"

1999年后，顺丰的各项业务进入稳固期，王卫开始"自我放逐"，实际上就是让自己淡出顺丰的日常管理工作。2002年之前，公众几乎没有他的任何消息，顺丰的员工也很少能够见到他。在这三年里，王卫每天做的事情就是让自己尽量放松，在个人生活方面坚持顾家、低调、信佛的风格，多数时候陪着家人过着自在悠闲的生活，比如与妻子一起爬山、钓鱼，或者一起喝喝茶。在个人形象方面不再追求奢华、高调，而是非常简单、朴实，经常是只穿朴素的衣服，吃简单的饭食。受佛教的影响，王卫性格中淡泊、平静的部分被激发出来，在行为上更加克制，他平时不多话、不抽烟、不喝酒。

当然，王卫并不是将公司完全交于管理团队而不顾，他在放松休闲的过程中，仍旧时刻关注着顺丰的发展，对涉及顺丰信用的事情尤其重视。当时对顺丰信誉有损最多的问题就是暴力分拣等服务问题。因为公司急速扩张，业务量逐年递增，在服务过程中难免会出现一些不规范的操作，每当出现这样的投诉时，王卫都会格外关注。他认为顺丰的信誉是一点一滴积攒起来的，树立起来不易，毁掉却非常快，因此他总是要求管理团队和一线人员对这样的问题有则改之无则加勉。为了尽量避免出现这样的问题，也为了进一步提升顺丰的服务质量，王卫制定出了精细的企业操作规章制度。

所谓企业信誉无小事，尤其是作为服务行业的快递业，企业的信誉就是头顶上的金字招牌，不管是顺丰还是"不顺风"，只有良好的信誉才能留住客户、招徕客户，信誉是企业的生命，塑造和维护企业信誉是一个长期的、系统的过程。王卫坚持信誉第一位的观念，也是顺丰能够脱颖而出、雄霸全国快递行业的关键因素之一。

7 低调赢得尊重，用德行感召市场及消费者

2002 年，顺丰在深圳福田设立企业总部，几乎租下位于福田的万基商务大厦整栋楼。此时的顺丰已成长为一家在全国拥有 180 多个网点的大型民营快递企业，绝非昔日偏安华南一隅的快递小档口。只不过这时的顺丰低调得太过分了，就连政府都没有注意到存在这样一家快递企业。关于这一点还有个小插曲：2002 年深圳市领导出席全国邮政行业会议，在会上才得知自己的管辖范围内居然有一家快递行业的龙头企业。

回到深圳后，相关领导才找到顺丰的相关负责人，目的是给顺丰一些政策范围内的扶植政策。这样的消息让人感觉有些匪夷所思，这得是多低调的一家企业！顺丰设立市场部门时已经到了 2004 年。在当时人们

打开电视，能够看到各种快递广告，比如：张丰毅穿着 UPS 的棕黄色工服在偌大的仓库里进进出出。刘翔为 EMS 代言，在高楼大厦之间奋力狂奔。唯独顺丰，一直坚持采取不打广告、不宣传、不参加任何营销活动的经营方针。

正因如此，才让政府和公众都不知道自己经常看到的顺丰快递转运车、"快递小哥"原来"大有来头"。2010 年，顺丰的营业额达到 120 亿元人民币，旗下拥有 8 万名员工，年平均增长率 50%，利润率 30%。顺丰的经营规模、网点覆盖和市场份额仅次于中国邮政，在中国快递企业中排名第二，在中国民营快递企业中排名第一。

一位业内人士感慨地说："顺丰一定会成为中国的联邦快递。这是不可避免的，你想阻止也阻止不了。它 10 年之内会买 100 架飞机，全国机场周围的地，它也占得差不多了。单单这两样，已经没有第二家快递公司能跟它比了。"然而，如此大规模的一家公司，外界竟知之甚少。当很多人谈论起顺丰时，像是在谈论一个看不见摸不着却缭绕弥漫在空气中的"幽灵"。

其实，这与王卫的低调为人有直接关系。

从创业起到坐拥亿万财富的顺丰总裁，一路走来王卫几乎不接受媒体的采访，顺丰公司的某高管说："媒体百分之百采访不到他。有一次，邮政部领导都递话了，他还是委婉拒绝。"王卫曾经被一些物流行业的主流媒体邀请参加行业内部论坛，碍于行业门楣关系，他都是口头上答应了，可实际上从未出现过。就连顺丰的企业内刊《沟通》，出版 7 年来也从未发表过自己总裁的"真实面孔"，仅有几次出现了王卫的照片，还都是背影或者极其模糊的侧面照。

对于低调得有些过分的王卫，国内媒体是束手无策，最后还是香港的"狗仔队"让王卫的照片第一次出现在大众媒体上。2010年，王卫在香港九龙买下了一块地皮，打算建造一处住所。这桩总价3.5亿港元的地皮买卖，引起了《壹周刊》的关注，为了能够"有图有真相"地报道神秘的顺丰总裁。《壹周刊》的记者在顺丰深圳总部的写字楼前守候王卫数日无果，最后想方设法进入顺丰香港的点部，应聘顺丰的快递员，收派了300多个包裹后，才终于拍到了王卫的照片。

很快一篇题为《水货佬做到买屋仔，买757飞机》的报道出现在了《壹周刊》，这才让王卫的照片及创富故事第一次比较直观、全面地进入大众视野。

王卫的低调并不是刻意而为，而是从内心认为没必要行事高调。他认为，把企业做好，平台自身的硬气比什么广告和曝光都管用、实际，也只有建立在这种基础上的炫耀才是有"德"。关于"德"，王卫是这样解释的："今天这个社会，经济大发展了，但人心更浮躁了，很多人有意无意地都在追求'威'（在广东话里，'威'是'威水'的简称，炫耀、傲慢的意思）。但是在什么基础上才可以去威，威的基础是什么，很多人都没有搞清楚。有人认为有钱有权就威，我认为这个观念是完全错误的。威不是建立在金钱或权力的基础之上的，而是建立在道德的基础之上的。一个人可以昂首挺胸地走在路上，并且收获的都是尊敬且乐于亲近（而不是羡慕嫉妒恨）的眼神，这才叫威。"

正是这种低调让王卫及顺丰赢得了市场的认可，获得了更为广泛的终端消费者的尊重，这样的企业才能真正植根于市场，植根于消费者心中。

8　紧握顺丰主导权，绝不因为缺钱而丧失独立性

王卫再低调，也掩饰不住顺丰在市场上光芒万丈。这样的一支"绩优股"很难不让资本投资市场的投资家们垂涎。嗅觉一向敏锐的投资者早就嗅到了顺丰这块"大肥肉"散发出的金钱味道，他们想方设法与顺丰和王卫接触，希望能够注资顺丰。

据说，有 VC 想给王卫融资，但王卫始终不肯出来面谈，这个风险投资者就对外开出高价，愿意拿出 50 万中介费，只为和王卫吃顿晚饭。这样的传闻何止一二，2004 年，联邦快递策划进入中国市场，他们首先想到的就是与顺丰总裁王卫接触，他们想要收购顺丰，计划出资 40 亿~50 亿元人民币，最终被王卫一口回绝；一位咨询公司的董事长甚至透露

说，包括花旗银行在内的很多美国投资商曾经找到他，希望他能够撮合注资顺丰的交易，一旦成交，将付给他 1000 万美元的佣金……

对于这些资本大鳄，王卫不是打太极，就是置之不理，他有些戏谑地说："不过，这些投行都太小气了。他们只肯投资几十亿元人民币。顺丰哪止这个价钱。顺丰如果上市的话，市值应该在 150 亿元人民币左右。这还不算溢价的部分。如果算上溢价部分，这个数字就还要再乘以 8。"

实际上，在面对外来资本的态度上，王卫内心非常坚定，根本与价码高低无关。首先，就个人情感上来说，让资本注入顺丰，在王卫看来无疑是出卖自己的"儿子"，顺丰从无到有，从小到大，是他和身边的伙伴一起奋斗的成果，这种感情就如父亲对孩子的感情，没有那个父亲会为了一些金钱利益而出卖与子女的亲情关系。

其次，王卫对于顺丰的现状和未来非常坚定，他认为顺丰在未来仍有非常广阔的上升空间和强劲的发展动力，国内的快递市场是为数不多的价值洼地，外资完全低估了顺丰和顺丰未来的价值。

再次，王卫一直带着一种理想情怀做顺丰，要做一家让国人引以为傲的民营快递企业，他绝不会轻易就放弃一手打造起来的品牌。

用王卫的话说："我为了实现建立一家快递业的百年老店，绝不会把顺丰拱手相让，哪怕是外资投资，这些都是我难以接受的。因为任何外资的注入，都会导致顺丰的决策层受到影响和制约，进而影响到我们做决定时的独立性。"

资本的逐利性注定让他们更加关注企业的即时盈利，而忽视企业百年品牌的塑造，这一点王卫非常清楚，因此在面对各路资本投行的金钱诱惑时，他始终如一的态度就是拒绝、拒绝、再拒绝。王卫要的就是一直保守创业之初的经营理念和产品定位，这也是企业能够长命百岁的关键。

正是基于这种认识，在顺丰的发展过程中，"经得住诱惑，耐得住寂寞"成为了公司和王卫的又一鲜明特色。王卫和顺丰的选择是"一条道走到黑"，无论前面是成功还是失败都一如既往。

为了坚守这样的原则，即使当年风头正盛的摩托罗拉砸来大单，顺丰都没有低头接下，无论某种附带有损于顺丰独立的合作有多诱人，顺丰和王卫都不会妥协。类似于这样的拒绝经常在顺丰上演，这让很多人既惊讶又不解。

有人满怀好奇地问王卫说："做快递 20 年，如果用一个词来形容自己，你认为是什么？"

王卫不假思索地脱口而出："专注。"对于一个对极限驾驶非常痴迷的人来说，这可能就是最重要的指标。

王卫为人处世低调、内心平静，却非常喜欢刺激、有挑战性的运动项目。他最大的业余爱好是骑自行车。他骑的是一种类似极限运动的高山速降自行车，像运动员那样骑着专用的自行车，从山顶以高速向下俯冲。王卫还喜欢开越野车，经常去西藏自驾旅行。坐过他车的顺丰员工都知道，王卫开车极猛。

显然，这些对速度要求极高的运动项目对个人的专注力和控制力要求甚高。在飞速前进的过程中，不可能分心去做别的，一会儿换 CD，一会儿接电话……一时的分心就会让人失去控制力，最终酿成无可挽回的惨祸。

做企业何尝不是如此，在飞速前进的过程中，只有紧紧握住方向盘才不至于让企业偏离轨道。外来资本虽然可以为企业带来活力，但也必然会要求企业与投资方同执方向盘，这样在行进过程中就很难保持高度的专注和一致性。

　　做企业如做人，一个能百分之百主宰自己命运的人才能获得成功。独立、主权以及专注才是企业长青的法宝。

第二章

模式决定战略，差异化谋得一片蓝海

物流企业的发展，中国快递企业的发展，关键在于标准化，这也是现在中国物流业最大的问题。顺丰成功的原因，最重要的就是服务的标准。一开始它就建立了直营的模式，一开始定的标准就比较高，所以虽然现在它的价格是最贵的，但它的服务也是最好的。

　　　　　　——中国国际物流节组委会副秘书长　伍华

1 坚持以商务件为主，专攻中高端市场

将顺丰和"四通一达"等快递公司区分开来很容易，人们会列举出顺丰很多独特之处，统一着装、高价、服务标准化等，而要将"四通一达"这几家公司区分开来就不容易，因为他们几乎没有什么不同之处，几家快递公司同出一脉，都以低价取胜，业务大多都是电商件。其实，这与顺丰速运的定位有关，从成立之初，顺丰就以商务件为主，并将这一定位一直延续下去。

当时，香港大约有 8 万家制造工厂北移到大陆，其中在广东的珠三角地区的有 5.3 万多家。当年顺德县委书记这样说："几乎每天都有企业开张，天天都是鞭炮不断。"大量工厂北移催生了"前店后厂"模式，大

量信件在香港与珠三角之间往来。因为分属不同的关税区，往往邮寄要等上两三天。当年熟悉这些情况的人说："工厂里的急件，今天提，明天要，要去报关，得一个星期，谁能等得起？"在这样旺盛的需求之下，王卫的顺丰应运而生。

其实，1993年可以说是民营快递行业元年，这一年，顺丰成立，申通和宅急送也相继成立。申通当时在杭州创立的背景与顺丰在广东成立的背景非常相近，地处长江三角洲经济带的浙江，是国内较早开放和开发的经济区域之一。随着上海浦东新区的成立，进出口贸易火暴，随即往来沪杭间的外贸公司遇到了一大难题：报关单必须次日抵达港口，但EMS需要三天。

这一商机被20岁出头的聂腾飞和来自浙江淳安的工友詹际盛发现了，两人双双辞职创办申通，做起了"代人出差"的生意。每天白天，聂腾飞在杭州拉业务，每份报关单收100元，坐晚上八九点的火车到上海，遇到没座位就只能站一晚上，而且这是经常发生的事；第二天凌晨三四点詹际盛在上海接应，再骑自行车把报关单投递到市区。

这种前所未有的业务一经推出，大受杭州贸易公司欢迎。即使每天只有一单，100元的价格减去来回车费30元，也能赚70元。

实际上，在淘宝兴起之前"四通一达"主要客户也是以商务件为主。直到2005年，马云的淘宝网与"四通一达"签订了物流供应商协议，淘宝业务量的飙升，也带动了快递业的发展，使得"四通一达"从原来的商务快递商转变成电商快递供应商，"四通一达"业务量的80%～90%都是电商件。

与"四通一达"不同，王卫的顺丰没有走电商件的道路。主要原因就是顺丰的运营模式发生了根本变化。从1999年起，王卫就开始对顺丰进行直营化改造，到 2005 年顺丰基本上成为完全直营化的快运企业。直营化一方面大幅增加了顺丰的运营成本，另一方面也促使顺丰从不规范向规范化发展，使得顺丰在服务标准化上实现了质的飞跃。

王卫的目标也不再是做中国民营快递老大，而是要带领顺丰成为中国的 UPS。为此，他开始认真审视中国的快递市场划分，也开始为顺丰未来发展定位。最终他为顺丰的市场定位划定了确切的范围，即顺丰未来专攻中高端市场，而不是高端市场，他进一步解释说："中国快递完全高端的市场还很小，而且它分为两块：一是国际业务，需要信息联网性支撑，这不是顺丰的优势，因为我们没有国际网络。另一个是国内完全高端的市场，现在看来还不太成熟，毕竟中国的制造业在产业结构中占比重很大，而目前制造业的产品层次偏低。另外，我认为，中国目前的快递企业还没有人能真正满足高端市场的需求，缺乏在中端的基础上为客户量身定做个性化服务的能力，使得高端市场只能委屈自己，降低需求变成中端。因此，顺丰下一步要针对不同市场客户的特征，制定网点布局规划，分配人员投入，区分、细化服务标准。"

商务件、中高端定位，为顺丰谋得了一片蓝海，顺丰没有像"四通一达"一样，为了迎合电商的喜好，不得已上演一次又一次的价格厮杀，以致将自己的利润空间压缩到不能再低。而王卫不用讨好电商，他牢牢将顺丰掌握在自己的手中，给顺丰带来了持续的高盈利。截至 2010 年，顺丰的营业额突破 120 亿元人民币，拥有 8 万名员工，年平均增长率 50%，利润率 30%。合理的市场定位让顺丰一骑绝尘，将昔日强过自己的一干快递企业远远地甩在身后，成为不折不扣的行业冠军。这些傲娇的数字，也成为了王卫的"话语权指数"，使得他在"四通一达"等快递公司不得不为业务单而亦步亦趋地紧紧跟随在电商"屁股"后时，顺丰却不怎么碰触这一高速发展的领域。

不仅如此，王卫居然婉拒了快递行业的"衣食父母"马云的约见。

淘宝在和"四通一达"结盟后，马云对当时已经在业内有口皆碑的顺丰十分侧目，他两次到香港秘密约见王卫。出人意料的是，"说客"马云的巧舌如簧并没有机会得到发挥，这位曾被外界开价1000万美元只为见一面的快递员，婉拒了马云的约见。

王卫和马云是两个"极端"，一个高调到极致，一个低调到极致，两个人没能坐到对面谈合作也属意料之中，且市场定位不同，王卫婉拒马云也在情理之中。

2　实施差异化营销战略，获得持久竞争优势

王卫曾在顺丰内部会议上说："我们想在电商市场提供差异化服务。我们研究电商的供应链特点、价格特点，对照我们现有的资源，研究怎么样做一个更好的匹配。对于电商，我们也在研究如何提高它们的产品附加值和客户满意度。"实际上，顺丰不是看不起电商市场，而是因为自身的一些局限性很难与电商市场的需求匹配，王卫也在寻找解决这种问题的办法，差异化就是他提出的一个有效策略。

那么，何为差异化呢？

所谓差异化是指，将公司提供的产品或服务差异化，形成一些在全产业范围中具有独特性的特点。实现差异化的方式包括：设计品牌形象，

提升客户服务标准，以及完善经销网络等。当然，差异化的关键是不能忽略企业成本，顺丰在差异化的过程中并不是以降价来迎合市场，而是从以下几个方面入手。

在品牌形象建设方面，顺丰从不依靠广告和营销噱头，而是通过实实在在的行动提升自身的存在感，不管是人心惶惶的"非典"期间，还是一片混乱的地震期间，或者是举世瞩目的世博会期间，顺丰都在第一线以它的高效和专业的服务传递温暖。顺丰没有花很多的资金做营销，很多媒体向王卫提出采访的邀请，甚至包括央视这样大牌而又权威的媒体，但王卫都拒绝了。不动声色中在客户心中确立起高大的品牌形象，才是真正的营销。顺丰无疑做到了这一点，他们通过默默地传递正能量信息，来推广自己公司的品牌，让潜在顾客、固有顾客时刻感受这样一家快递公司的存在。

顺丰在自身的企业文化建设上还特别注意"企业公民"形象的建设。从 2002 ~ 2010 年，顺丰先后为希望工程、各大慈善基金、地震灾区、各大贫困山区捐赠现金和物质，助养地震灾区儿童，为少数民族村落建设水电站项目等，并在 2009 年正式成立广东省顺丰慈善基金会。难能可贵的是，顺丰并没有利用和夸大顺丰所做的慈善事业，而这些正是其他企业视为最佳的企业宣传资本，顺丰只是默默、低调地在实践，一点点地经营自己在顾客心中的品牌形象，这样建立起来的信任度一定是持久的、牢固的，这就是为什么顺丰的顾客群体总是十分稳定的原因，也是为什么在网络中，搜索口碑好的快递公司，有90%左右的网民首推顺丰的原因。

在客户服务标准提升方面，顺丰更是结合自身业务的性质，传递作为行业巨头的风范。在整个快递行业服务缺乏标准化、可度量化的情况下，顺丰的服务做到了标准作业，比如1小时内上门取件、全国联网36小时送达。顺丰对一线收派员服务进行严格管理，严格履行"限时送达"的服务承诺，重树了整个快递行业形象。此外，顺丰的所有收派员统一着装、统一佩戴顺丰工牌，顺丰公司的大小转运车车身上都有"SF"标志，这些都让人感到顺丰是一家专业化的快递公司。不仅如此，春节前后各家快递公司都要停业放假，唯独顺丰正常营业。另外，顺丰还推出五项百分百服务、"4+8"便捷服务渠道、"3×10"秒服务、5项免费服务、5项特色服务等一系列特色服务项目，真正做到客户至上，为客户着想，让客户体验并享受全程放心、安心、舒心的服务。顺丰正是通过这些优质服务获得了客户的肯定和认可。

事实上，这些都是顺丰在充分分析目标客户需求的基础上，为目标客户量体裁衣设计出来的一套服务方案和标准，只有真正具有差异化的营销方案，才能赢得更多客户的认可。

对于快递企业来说，所有优质服务的承载主体都是快递运输网络。顺丰在运输网络建设方面投入巨大，是国内第一家购买专机展开快递业务的快递企业。目前，顺丰已经建立起了400余条航线及庞大的地面运输网络。2011年11月，继开通韩国、新加坡、马来西亚等国外快递业务后，顺丰又开通了大陆到日本的快递服务。

在硬件网络的基础上，顺丰不断提升软件网络的运行速度，尤其是互联网技术在快递业务中的广泛应用。比如，应用手持终端设备和移动数据技术等先进的信息监控系统，全程监控快件运送过程，保证快件准时、安全送达。

同质化意味着价格战，因为什么都一样，唯一可变的就是价格。这就是快递行业普遍存在的弊端，为了规避同质化和价格战带来的风险，顺丰不断地通过推出多项差异化服务强化自身优势。这种建立在不断创新基础上的差异化服务，给顺丰带来了持久、可持续的高增长，让顺丰始终在快递业中处于领跑地位。

王卫在顺丰内部讲话中肯定了差异化战略的成功，他说：

> 顺丰能够走到今天，有一点和其他快递公司不一样的地方，那就是差异化的竞争策略。我们所提供的快递服务和自身的市场定位，与其他快递公司是不太一样的，并且我们能够让消费者很清楚地知道，顺丰所提供的服务和其他快递有什么不同。成功定位是一家公司能够取得成功的重要因素之一，而在快递行业，赢得口碑和市场满意度是相当重要的。

> 根据我们的定位，接下来首先要做的就是资源性投入。一直以来，在信息科技、营运工具、场地设施和人力资源等各个方面，顺丰的投入都是不懈余力的。比如我们2003年开始包机，2009年成立自己的航空公司，这都是国内民营快递的首次尝试。同时，我们也是国内率先试用'巴枪'的公司。此外，在人力及人员培训方面，我们都是大手笔地投入……到今天看来，这些投入都是很及时也是很有必要的。

> 顺丰一直以来都很愿意跟员工分享公司的经营成果。我们在1997年就开始推广收派员计提制，这十几年下来，对公司的业务发展起到了很大的推动作用，利益分享是顺丰成功的又一个重要因素。

> 顺丰对内的制度原则性很强，我们对管理上失职的人和事从不回避，积极地将问题找出来，把责任追究到人，这让员工看到

了公司对公理、正义的坚持，进而凝聚了人心。

　　顺丰建立了一整套透明、公平的晋升机制。当然，这么大的公司，这么多的员工，让每个人都感受到绝对公平是不太现实的，我们所能做的就是营造公平的机制，在这个机制里面做到一视同仁。我自问这一点顺丰是可以做到的。

　　从品牌形象到服务标准，从快递运输网络到信息网络化，再到人员管理的创新和规范，使得顺丰在差异化的道路上越走越远、越走越顺，也使得顺丰总能够率先捕捉到有价值的细分新方法，这些都是顺丰在行业中领先的保障，也是获得企业持久的竞争优势的保障。

3 进一步细分市场和客户需求，创新带动转型

实际上，王卫在创业之初就将市场细分战略运用到了顺丰的发展中。2002 年，顺丰全面直营化的第三个年头，快递业呈现出一片欣欣向荣的景象，各家快递企业虽然模式与顺丰不同，但都在超速发展的道路上各显身手。相对于采用什么样的模式合适，大家似乎更关心如何能够接到更多的快递单，毕竟业务量、营业额才是王道。

顺丰也需要业务量，也需要提升营业额，只不过王卫在顾及多方面因素时，更多地看到了顺丰未来发展的可能性。他开始关注市场需求，并且对客户进行细分，最终认定中高端客户为自己的目标群。

针对这一目标定位，王卫制定出相应的服务项目和价格。顺丰的业

务范围仅限于小件物品和商业文件派送，对于质量大、体积大的大件物品，一般不予理会。至于价格，一千克20元，至少是其他快递公司的两倍。

价格决定了定位，并划分出了多种不同的服务模式，比如基础服务流程包括下单、快件跟踪、投诉、理赔、建议和需求、网络以及短信服务；专享服务流程包括分支机构集中付款、国内第三方支付、指定时间收派、赠送打印设备、绿色服务通道以及服务流程简化等；增值服务流程包括日常管理、电子账单、物料直接配送、客户自助服务、电子专刊、业务主动推荐以及积分主动兑换服务。

单就这样的细分市场划分就将顺丰与其他竞争对手完全区分开来，在顺丰选定的领域里，基本没有竞争对手，竞争对手们价格战打得酣畅淋漓，顺丰则在自己专属的领域里做得风生水起，这就是市场细分的魔力。可以说，对于所有企业来说，只有对市场进行细分，对客户需求进行细分，找到市场差异化，专攻一处，才能和竞争对手拉开差距，从而赢得属于自己的发展空间。

很多人都不理解什么是市场细分，其实所谓市场细分是指，经营者通过市场调研，依据消费者的需要、欲望、购买行为以及购买习惯等方面的差异，把某一产品的市场整体划分为若干消费者群的市场分类过程。每一个消费群就是一个细分市场，每一个细分市场都由具有相似需求倾向的消费者构成。

再强大的企业也无法满足整个市场的需求，再好的产品也不能满足所有人的需求，因此在资源及资金有限的情况下，有选择地在某一个领域深耕细作，比起盲目地追求大而全的同质化竞争，要更有效得多。

王卫深谙此道，随着顺丰业务的不断扩张，他对市场和客户需求进行了再次划分和调整，以现有的中高端客户为基础，排名最靠前的 4% 的客户视为大客户，包括项目客户和 VIP 客户；在大客户后面 15% 的客户为中端客户；中端客户之后 80% 的群体为普通客户；剩余的为流动客户。针对不同的客户群体，王卫制定了不同的服务标准，在基础服务质量不打折的前提下，为大客户和中端客户提供更加多样化和全面的服务。

在细化市场和客户需求过程中，顺丰逐渐找到了一条符合电商发展需求的服务标准——顺丰特惠，这对于一直徘徊于电商市场之外的顺丰来说是一次决定性的创新，也是成功转向电商市场的里程碑。顺丰特惠在保证一如既往的安全、专业的基础上，将速度稍稍下降，同时服务费用也相对降低，这就让对价格非常敏感的电商用户非常满意，差不多的价格，仍旧比其他快递快、专业、安全的服务，也是他们乐于接受的模式。

凭借着市场细分策略，顺丰在服务和业务领域不断地创新，使得自身的定位更加精准，也让顺丰的品牌区格度更加明显。

据不完全统计，中国快递公司的数量已经超乎想象，除了 EMS、"四通一达"及顺丰外，还有 3000 多家中小快递企业，但事实上快递公司同质化非常严重，无论是产品、价格还是服务，几乎没有差异。为了抢占市场，只能打价格战，甚至亏本经营，导致多家快递公司在低端市场徘徊。

顺丰的细分市场和不断创新无疑走出了一条成功的转型之路，让它走出了低价竞争的怪圈，在快递市场的份额也逐年提升，成为仅次于国有快递企业 EMS 的业界巨头。未来中国快递业发展进入高速增长阶段，平均增长率将超过 50%。预计到 2020 年，中国日均快递量将突破 1 亿件。在如此高速的增长背后，呈现出来的问题也十分明显，正如徐勇所说：

"增长速度过快并不是什么好现象，在恶性价格竞争下，一味追求业务量只会牺牲服务品质。"

如何在未来的快递市场中分得更大的份额，是各家快递企业需要思考的问题，顺丰当然也不例外。有人曾这样形容说："快递业的很多需求来自于电商。电商几乎是每天、每个月都在不停地创新，而我们的快递创新往往是非常滞后的，所以快递业要促进这种创新。"

顺丰之前的成功在于顺势而为，不断地保持高效率的创新，王卫认为，企业的创新是全方位的，有组织结构的创新、流程的创新、业务模式的创新、技术的创新。而这些都建立在市场细分的基础之上，未来顺丰在这方面要走的路还很长，正如业内人士所说的："细分市场是今后快递业转型重点发展方向。目前，国内快递龙头企业顺丰等都开始细分市场，比如母婴产品、电子产品、服装等，这说明我们的快递企业在走向成熟。"

各行各业都在强调体验式营销，这就要求经营者从消费者的感官、情感、思考、行动、关联五个方面重新定义、设计营销的思考方式。此种思考方式突破传统上"理性消费者"的假设，认为消费者消费时是理性与感性兼具的，消费者在消费前、消费时、消费后的体验，是研究消费者行为与企业品牌经营的关键。

顺丰也正在抓住这一理念，努力为客户提供更加细致和超乎想象的体验，从而将客户牢牢聚集在自己的周围。这一点已经在国际快递巨头那里被证明十分有效。在美国，UPS的服务可以细致到专属每一个客户的需求，比如，顾客听见门铃响起，开门时，商品已在门边，UPS快递员则在高大的物流车上挥别，这让顾客感觉到的是犹如圣诞老人送礼物的满足感。

不仅如此，第一家快递公司都有明确的定位，找准市场的需求与空白，只做某些类型的快递，而不是什么快递都揽收。比如，有的快递公司能够在安全和速度方面提供百分百满意服务，适合承担网购贵重物品业务；有的快递公司为了保持鲜花、蛋糕等礼物送上门时收件人的良好印象，会派出英俊潇洒的配送员；具有专业保险设备的快递公司可以提供生鲜派送服务；有的快递公司资费低，但速度慢，比较适合寄送大件物品；如果对环境保护有自己的主张，快递公司可以摈弃塑料袋、胶带纸，全部采用可降解材料……

可以目测到，顺丰在某些方面已经做到了细分，比如 VIP 专属服务、生鲜快递服务、冷链运输服务、布局乡镇解决"最后一公里问题"……未来，顺丰还会像餐馆一样细化，有大餐简餐、中餐西餐、炒菜火锅、早餐夜宵、肉食素食等，一个足够细分的快递市场，才能真正实现转型升级、提质增效。正如徐勇所说："一个国家快递市场越细分，说明它的产业质量越高。大型快递企业可以细分自己的业务，小型企业也可以有自己的个性化经营。"

4　量身定做，为客户提供个性化服务

创业以来，顺丰专注而高质量的服务赢得了一大批忠实粉丝。但随着快递市场的发展，国际巨头联邦快递和联合包裹对中国市场虎视眈眈。而且由于准入门槛低，国内各大民营快递公司如雨后春笋般迅速成长起来。

国内的客户开始不满足于顺丰高质量、高价格的服务，随着电商的快速崛起，网购一族也成了快递业的主要客户。"四通一达"借势而起，迅速占领了这块潜力巨大的市场。同时国际巨头面对《邮政法》实施后的窘境，再次向国家邮政局提出经营国内快递业务的申请，最终于2012年9月获批。若联合包裹、联邦快递这两大国际巨头进军国内市场，之前因国家限制外资快递进入政策而迎来的快递业"短暂春天"很可能因此结束，顺丰目前的市场定位也可能受到冲击。

2012年8月1日，顺丰推出了"四日件"服务，主要以异地快件运送为主，首次将触角伸向了低端市场。该服务主要面向淘宝卖家，顺丰开通562条陆运线路，可以支持大陆29个省市（新疆、西藏除外）的陆地运输。首重价格从22元降到了18元，续重也从每千克14元减少为每千克7元。随着价格的下调，送达速度也相对变慢，大概与航空快件有1~2天的差距，预计4个工作日送达。同时，"四日件"仍然享受顺丰"收一派二"的精品服务，同时保价、自助服务、代收货款等航空件所有的增值服务也都在"四日件"服务内。

从中高端市场走下，面对价格较低、速度较慢，但服务不低的"四日件"，消费者们是否领情呢？

很多经营化妆品、音像制品、液体商品、粉末状商品的电商，对此十分看好。他们的商品无法经由航空运输，而顺丰提供了"四日件"经济快递，在给他们带来低价格的同时，也方便了此类商品的运送。而同时顺丰高质量的服务也令他们对商品的运输过程放心，购买商品的顾客也能因此得到更好的保障，因此可以极好地维护客户关系。有不少淘宝买家在购买商品时并不看重抵达时间，而顺丰减速却不减质量的服务令他们心生青睐。虽然比"四通一达"稍贵，但考虑到快件安全、服务态度等问题，价格也在可承受范围内，因此顺丰凭借着"四日件"也渐渐在电商市场上分得一杯羹。在获得无数好评的同时，"四日件"也受到了一些微词，有部分淘宝买家认为，虽然价格降低，但速度实在有点慢，因此不会选用"四日件"。

精明的卖家已经算了一笔账：以从济南到广州为例，10千克的商品用顺丰标准快件需花费 148 元，而选用"四日件"只需 81 元，节省了近半的花费。但如果只需寄送 1 千克物件，四日件为 18 元，仅比标准快件优惠 3 元。可见，优惠程度因寄送物品重量不同而有所改变。

与其他快递相比，同样是 10 千克商品从济南到广州，申通要价 110 元，韵达为 87 元，中通、圆通、天天等快递只需 70 元左右。"四日件"的价格在中等水平，比上不足比下有余，而借着顺丰的服务口碑，"四日件"的推出可以引来一大批顾客。

随着快递业的飞速发展，顾客的需求日益细化，服务、价格等的平衡更加被量化。随着国内竞争的逐渐激烈，市场细分才能实现更多的利益分享。快递服务就是"在正确的时间将货物送到正确的地点交给正确的人"，不管是要求快递或者慢递，或者要求"限时服务""上门取件"，都是快递服务的本质。面对日益细化的市场，顺丰及时做出了应对，越来越亲近普通群众的同时为自己赢得了更大的发展空间。

现在在顺丰的官网上，"四日件"已不见踪迹，取而代之的是顺丰特惠。这是一个整合了"四日件""港澳经济快件"等的陆运快件，同时针对顾客非紧急寄件需求推出经济型快件。其价格与"四日件"一样，走下了中高端的金字塔，更加亲民，虽降低了运送速度但不减高质量服务，更能满足客户多样化的市场需求。

虽然"四日件"获得了成功，但是顺丰管理层依然对走下中高端市场存有疑虑，为此王卫在 2013 年年初的讲话中，做出了解释：

> 我们现在必须做出改变，要把公司的经营思路全面扭转，改变闭门造车的模式，走到客户中间去，看看他们真正需要什么样的快递服务，为他们量身定做一些东西。如此一来，公司内部的

所有环节都要以客户为导向，而不是拍拍脑袋想当然地做决定还自我感觉良好——这样做的结果往往是，你自以为为客户操碎了心，而人家根本不领你的情。真正地以市场为导向，不是哪个职能部门说了算，也不是总部哪个总裁说了算，当然也不是我王卫说了算，而是客户说了算，客户才是我们真正的老板。客户说他需要什么样的服务，我们能够做到，而且作出来能够令他满意，那才是真正的好，才是皆大欢喜的双赢局面，才是公司的长远发展之道。所以我今年把所有的组织架构、激励方案、考核办法等都做了调整。我相信，这一整套东西算是为接下来顺丰第三个十年的发展引擎做一个改造升级的工程。

不过变幻莫测的客户需求，依然容不得顺丰放松，谨慎的王卫在讲话中说道："以前我们都把客户认为一些好的产品和服务推销给客户，效果并不是很好。接下来我们要走到客户中间去，围绕客户真正的需求为他们量身定做一些产品和服务。这将是我们2013年最大的一个改变。"

5 "限时达"服务，让顺丰由快变为准确的快

快递说是快递，真的快吗？估计没有几家快递公司敢说自己是"快"递，也很少有快递公司敢承诺自己的可以在限定时间内送达。顺丰可以，王卫敢向他的客户承诺到达时间。这也是顺丰细分市场、实施差异化战略的一个重要方面。

实际上，国际巨头如联邦快递等，早已经证实了"限时"战略在快递市场细分中的重要作用。正如联邦快递之父弗雷德·史密斯所说的："想称霸市场，首先要让客户的心跟着你走，然后让客户的腰包跟着你走。"如何才能出现史密斯所言的结果？很简单，就是让客户满意，企业的服务能够百分百让客户体验到满足感。这样一来，任何客户都一定会

选择承诺"一定会送到"的快递公司，即便要为此付出相对较高的价格。

关于顺丰的"限时达"还有这样一个小插曲：

> 李襄媛是某公司的行政总监，为了验证顺丰快递是否如其承诺的一样，她让助理在下午2点15分拨通顺丰的服务热线，告知顺丰的接线员地址及所有投递的文件后，便开始忙别的工作，下午3点10分，前台告知他说有顺丰快递的人员来取件。本来以为一小时之内他们是无法到达的，因为当天下着雨，在北京工作的人知道一到阴雨天交通就会变得十分拥堵。接下来那位助理更是领略了顺丰的速度，从检查邮寄的物品、填单、贴运单、扫描，整个过程没有超过5分钟。经过这一次验证，李总对顺丰快递的服务非常满意，从此他们公司的快件首选由顺丰承运。

从快件录入顺丰快递的信息系统后，快件的跟踪记录便会及时反馈给客户。根据跟踪记录可以看到，顺丰快递中转站都有明确时间限制，快递员都将严格按照规定时间运送快件，比如他们在1小时内取件后，应在2小时内将快件送达"点部"（即四级中转站），顺丰快递运作员分拣扫描条形码后，系统显示"已取件"。然后，由顺丰快递的运送车将快件送达"分部"（三级中转站），顺丰快递分部作业员将其再次分拣后送到"区部"（二级中转站），即系统显示离开顺丰快递××集散点。随后的每一个流程直至派送签收都有严格的时间要求。

实际上，从2013年起，顺丰就正式开设了"服务时效查询"服务。在顺丰官方平台输入原寄地、目的地以及寄件时间后，即可查询包裹的送达时间。这项服务主要针对寄标准快递、省内即日到或跨省即日到三种邮件方式，同时可享受"逾限退费"的承诺。

所谓"逾限退费"，是指大陆地区互寄的标准快递、即日到产品快件，当经顺丰托运快件的送达时间超过了顺丰承诺的退费时效，且经官方确认不属于逾限退费免责条款范围内的情形时，客户可在快件签收后60日内拨打顺丰统一的服务热线电话提出退费申请。当然，遭遇航班延误、航班取消、节假日（包括周六日）、自然灾害、客户原因、政府行为、交通堵塞等不可抗原因导致的时效延误不承诺退费。

实际上，一单快递送达要有4个步骤：揽件→干线运输→分拨→终端配送，其中任何一个环节出现延误，都有可能导致整体送达时间延后，因此归根结底，顺丰"限时到"服务是建立在精细化作业和快速运送的基础之上的。

所谓精细化作业，是指对快件收取、分拣到配送这一流程的每个步骤进行分析，对快件细节进行规范，以节约时间提高效能。无论是在快递小哥的背包、中转场的分拣系统、飞机的机舱还是车辆的货仓，快递包裹所在的位置都必须保证让下一环节员工最方便拿取。通过规避任何可能浪费时间的环节和细节，从而确保快件在每一个阶段的投递都准时、无误。

快速运输则更是考验一家快递企业的硬性指标，顺丰为什么能快起来？其中起决定性作用的就是飞机，顺丰是快递行业最先拥有飞机的企业。2003年年初，大多数快递公司都在用货车送件，顺丰则趁着航空运价大跌之际，与扬子江快运签下合同，开始包租全货机夜航进行快件运输，从而实现了快件的次晨送达或次日送达，比如从深圳到北京所需的时间就缩短到1天以内，快件的破损率和遗失率也大大降低了。

当然，相比于货车运输，飞机运输的成本太高，不过在2003年之后，顺丰的货量增长迅速，每年大约增长 50%，迅速增长的货量形成的规模优势，抵消了包机增加的成本。2007 年，仅仅通过包租全货机已经不能满足顺丰业务的发展需求，公司开始着手筹建自有货运航空公司——顺丰航空有限公司，并于 2009 年 12 月 31 日实现了首航。

此后，顺丰航空不断扩大规模。2014 年，顺丰航空从波音公司收购超过 30 架二手 757 和 767 客机，进行客改货。扩张计划落实后，顺丰航空的运力翻了一倍，顺丰的机队总数达到 36 架。随着飞机数量的增加，顺丰速递跨越的区域也越来越广泛，从 2014 年 8 月起，顺丰正式对外推出针对境外电商客户的"全球顺"服务。按照"全球顺"服务的标准，从香港到大陆的时间为 7 ~ 9 天，首重费用为 33 元每千克，续重费用为 21 元每千克；纽约到大陆则预计需要 7 ~ 12 天，首重费用为 37 元一磅，续重费用为 31 元每磅。

飞机航运能力的提升，使得顺丰不仅在国内业务中可以实现限时达，国际业务也实现了限时达。作为快递业的标杆企业，"快"成为了顺丰服务印象标签中辨识度最高的标志之一。顺丰也通过"标准快递"超高的时效性，影响了国人对整个快递服务的判断和界定。从此以后，顺丰快递真正实现了"由快，到准确地快"的转变，又走出了一条差异化的创新之路。正如业内人士所说的："要解决同质化竞争，需要在优化产品结构、产品创新上下工夫，在细分市场的切割和精耕上投入更多精力，未来的快递行业应该和汽车行业一样，形成明确的产品序列，选经济型轿车还是超跑一目了然。"

6 专注而专一，心无旁骛只想将快递做到最好

王卫在创业过程中，始终把联邦快递当作自己的榜样。他发现联邦快递刚开始的时候并不是无所不包，它的业务是有条件的，重点发展小包裹业务，运送血浆、器官、药品以及重要文件等对速度有要求的快件，辐射范围也只有 5 个离得比较近的城市。

由于对市场有选择性，联邦快递在一开始就建立了自己的服务优势，积累了声誉，为后面的发展奠定了坚实的基础。这一点对王卫的启示是什么？当别的快递公司有件就收的时候，王卫却是有选择性的。

他首先细分市场，定位中高端。之后，对包裹的重量进行限制。由于寄大件不是自己的强项，所以王卫拒绝了摩托罗拉公司的物流邀约。

市场和服务明确了，就能制定统一标准的价格。正是因为王卫有了明确的定位，坚持发展小型快递业务，才能在别的快递公司一团糟的时候保持专业的标准和比较好的优势，把顺丰从几个区域做到全国范围，一路突飞猛进发展壮大。

大多数企业家在企业达到一定规模后，都可能会因为成功而产生一种多元化情结：既然在这个行业我是成功者，在另一个行业有什么不可以的？然而真正成功的创业者一定对企业有着清晰的定位。

新东方教育集团创始人俞敏洪在创业的时候，对企业的定位也非常明确。他说："新东方自始至终都没有离开过'教育'两个字，也从来没有离开过教育这个行业，我想在未来可见的时间里也不会离开。"

2006 年，新东方赴美上市，初股价是 15 美元，3 个月之后上升到 45 美元。有些员工和股东很快就抛出套现，但俞敏洪从未卖出股票。即使是在自己的声誉和新东方的财务受到质疑的危急时刻，俞敏洪仍旧增加持有。这一点难能可贵，当然也可以说是俞敏洪坚持以教育为根本的战略的体现。在俞敏洪看来，他和新东方的资源和精力都是有限的，只有把精力倾注在一件事情上，才能做深、做透、做长、做久。俞敏洪将新东方的成功归结于一种坚持和专注的完美主义的结合。

大多数时候，企业家们可能只是看到拆分本身的好处，把风险的可能和可能的风险混为一谈。分拆业务直接变成了新上项目，投资分散化变成了乱铺摊子，管理分权变成了管理松懈。这通常都是因为新增的东西会带来收入的正能量，减少则是损失。只有极少数企业家，比如那些具有完美主义倾向的、专注的人，才可能避免这种危险。俞敏洪、巴菲特等都属于长期盯住某一行业的成功者。他们很少考虑多元化，除了避免精力和资源分散，很大程度上也是为了给自己减小了损失的可能。其实，减少冒险的损失，也等于增加了收入和提高成功的概率。

腾讯十几年都在做QQ，而且只做完善和规范QQ服务的工作，是国内唯一专注从事网络即时通信的公司。腾讯的成功并非偶然。腾讯首席执行官马化腾认为，腾讯的产品质量是保证腾讯成功的一个重要原因。而保证产品质量的方法很简单，专注地做自己擅长的事情。在他看来，专注并不代表硬着头皮撞南墙，而是"在前进的过程中，发现机会就要立刻把握它，要有敏锐的市场感觉，这种变化给过我们压力，却也是我们成功的契机"。

在腾讯内部，一个项目从构思到推出，需要很长时间，比如构思很早的电子商务，往往要经过一两年的等待才正式推出。之所以会搁置一段时间，是因为资源有限，一个阶段里只能把资源投入到一个业务中，也就是必须要把各个业务排列登记。即使当前腾讯在互联网业务上已是全面开花，马化腾也认为自己并没有分散精力，从表面上看，大家认为腾讯现在什么都在做。实际上，腾讯一切业务都以QQ为中心，在这个基础上形成了社区和平台……如今，腾讯的企业文化已经收纳了"专注地做自己擅长的事情"这一思想，马化腾的认真和专注，更成了腾讯人最可信赖和依靠的支柱。

王卫曾说过这样一段话："很多事情不是我们想象得那么简单。可以说，即使是快递，我们都未必做到了百分百的深入程度，更何况其他。"2003年之前，有相当数量的快递公司淹没在物流甚至房地产热潮中，但王卫一直心如止水，他并非对潜在的利润视而不见，而是认为专注与专一比任何精神都重要，对于顺丰来说，这也是制胜的法宝。

不过，这样的认知也是经历了一个漫长的过程才最终得以确立的。

起步不久的顺丰，虽然找准了企业发展的大方向，用低价武器击败了大量竞争对手，但价格战终归只是权宜之计。从长远来说，企业要发展壮大，必须维系正常的利润。否则一旦短期价格战演变为持久战，谁也别想过好日子。

接下来的仗，顺丰该怎么打？

当年努尔哈赤入关时，明朝大军兵分十三路进行围剿。面对铺天盖地的明军，努尔哈赤没有把自己的队伍分成十三路全面应战，而是采取"任你几路来，我只一路去"的战略，集中八旗兵力各个击破，最终大败明军。

这给我们的企业经营带来了一个重要启示：伤其十指，不如断其一指。

商史千年，最不缺的就是企业。但同一个时代，同一片天空下，有太多企业崛起之后很快衰落，最终灰飞烟灭，起落过程惊心动魄，结果凄风苦雨。但总有一些成功的企业能够长期坚持下来，在商业发展史上成为一颗颗耀眼的明星。

创业者只有在创业初期就对企业有一个明确的定位，并且一直沿着这个方向坚持做下去，才能够成为行业的精英。不顾企业现状就盲目地"摊大饼"，不仅很难做到面面俱到，而且会让企业专注发展强项业务的能力被分散。

7　与众不同的经营思路：只做小件不做重货

为什么那些企业能够成功呢？一个最重要的原因就是那些企业能够集中一切资源，百年来只做一件事。星巴克就是卖咖啡的，花旗集团就是做银行的，沃尔玛就是做零售的，同仁堂就是卖药的，全聚德就是做烤鸭的……无他，用心一也！

站稳脚跟后，王卫给顺丰定下了细分市场、重点突破的战略任务。他首先对国内市场做了划分：中国国内高端市场，是联邦快递集团（FedEx）、联合包裹运送服务公司（UPS）、敦豪国际公司（DHL）和天地公司（TNT）四大跨国快递公司以及国营巨头 EMS 的地盘，很难从它们口里抢食；低端的同城速递过于狭小纷乱，不值得为之争斗。于是，王卫将中高端客户群作为企业开发的重点。通过观察，中高端客户大多以小件快递或者商务文件为主，因此顺丰战略聚焦，以运送小件快递为主。

王卫心中一直都有一个自己憧憬的目标，那就是国际快递四巨头之一的联邦快递，这同样是一个在细分领域获得成功的典型案例。

由于这一明确的市场细分和业务选择，联邦快递成立伊始就打出了自己的品牌，确立了自己的服务优势，并因此获得了良好的声誉，为以后崛起为世界知名的国际快递巨头奠定了基础。

集中兵力，才能将局部优势放大。王卫要求顺丰在快递业务上有所选择，只承接比较好整理与运送的商务文件和小件物品，那些体积庞大、重量过重的大件物品，价格再高也一概不接。已经初具规模的顺丰再也不玩价格战了，因为它的价格已经差不多比其他快递公司翻了一番。

当然，高价的前提是产品和服务能与这个定价匹配。王卫曾这样说："你要想让自己的零售价更高一些，就得先在服务上有所不同，否则消费者是不会买账的。"

以苹果手机为例，苹果手机很贵，甚至贵得有些"天怒人怨"，但有太多的"果粉"非苹果手机不买。为什么？因为在他们眼里，苹果这个品牌的内在价值以及良好的用户体验，对得起它的价格。

苹果贵得有道理，顺丰贵得有底气。前者有不可比拟的品牌优势和用户体验，后者有过硬的业务能力和高质量的服务。

没有被大件货物影响运送速度，集中主要资源做好小件物品的航空运送，使得顺丰基本上没有出现过爆仓的窘况，保证了货流的通畅。这种聚焦小型快递的策略，使顺丰在混乱的快递"战国时代"保持了优质水准。

随着以淘宝交易平台为代表的电子商务模式的兴起，快递行业的第二次高峰来临。网购人群越来越庞大，仅淘宝的发件量就达到每天几百万件。于是包括"四通一达"在内的不少快递企业，纷纷争夺电商市场，自然而然地打起了价格战。

电商快递市场无疑是一块大蛋糕，淘宝快递业务在"四通一达"全部业务中的占比一度达到70%左右。但顺丰并没有为之所动，王卫依然专注于深耕中高端市场，打造高质量的服务口碑。

在王卫的经营理念中，企业竞争的本质不是为了争抢客户，而是更好地服务客户。至于企业从竞争中脱颖而出，则是服务客户的副产品而已。

桃李不言，下自成蹊。眼看顺丰的金字招牌越来越夺目，无数电商店主再也无法保持淡定，他们纷纷在店铺显眼处写上"顺丰包邮"以此招徕顾客。顺丰就这样成功地打入了电商快递领域。

2013年，王卫更是通过顺丰内部讲话，肯定了当初瞄准小型快递市场差异化战略的成功，并对他为何采用这种战略进行了说明：

> 顺丰能一直走到今天这样的地位，就是因为我们采取了差异化的竞争策略。我们提供的是不同于其他快递公司的快递服务和市场定位，并且能让消费者清楚地知道，顺丰提供的速运服务和其他快递公司有着本质的不同。

早在创业之初，王卫就给顺丰注入了先对市场进行细致划分，然后重点突破的战略思想。2000年前后，国内快递行业还像初春树枝上抽出来的新芽，稚嫩得很。大家半斤八两，谁也不比谁先进多少、规范多少。同时，由于国内快递业务的复杂性以及与国外市场的差异性，各个快递公司都没有什么可以遵循的模式，因此只能矮子里面拔将军，互相模仿，然后拼命抢件，意图以量取胜。而王卫在这方面的思考显然比其他同行更成熟，眼光也放得更长远。

同时做十件事不如做成一件事。直到今天，顺丰依旧只做小型快递，产品定位一直没变。当然，也正是这种坚持，才使得顺丰能够在国内众多快递公司中一飞冲天，脱颖而出，业务从开始时的三五个人，做到现在 20 多万人，年营业收入超过 200 亿元。

有人讲，对于消费者来说，这是一个信息过剩的时代，也是一个注意力稀缺的时代。其实不止消费者，企业何尝不是如此。

互联网时代，人们每天都会得到各种各样的信息，发现各种各样的机会。但即便军事天才拿破仑，也不可能赢得所有战役，占领所有国家。企业能做的，就是专注于细分市场，在关键进攻路线上撕开一个口子，然后最大化地扩大战果。

在企业竞争中，专注和专一化战略不仅没有过时，反而更为必要。正如乔布斯所说的："其实经营公司是非常需要专注的。专注就是说'不'，就算是面对已经极好的东西也要说'不'！"

8　实施精细化价格策略，顺丰提价无人反感

涨价一直是快递企业多年不敢触碰的痛点。但是，王卫做了。2015年年初，他让顺丰涨了价！只不过，在他之后，没有一家快递企业选择跟进。这更印证了行业的判断：也就只有顺丰敢涨价。

有专家认为，虽然顺丰此番调价选择在淡季以降低影响，但实质上这一举措是一步战略性棋局，表面上看是梳理自己的价格层级，丰富价格体系，其实顺丰真正的目的是借助快递行业尚未摆脱价格战的窗口期，利用自己在O2O上的布局快速甩开跟跑者，巩固行业领导地位和高端品牌形象的定位。

尽管顺丰是行业内公认具有资格率先涨价的企业，但此番涨价仍进

行得谨慎低调。

时间上，春节前，快递业的业务需求非常强烈，但这个阶段也是快递行业人手最紧缺的时段，所以此阶段的业务量明显下滑是必然的。此外，顺丰选择在春节前宣布涨价还有一层考量，一般企业都会在这个时间点上传播不愿被传播的重大新闻，因为任何轰轰烈烈的事经过一个喜庆的春节后都会被淡化。综合分析，淡季是对市场影响最小、最有利的涨价时间点。

在公布新价格表的时间点上也是颇费心思，顺丰为了给顾客足够的缓冲时间，分三步放出涨价消息：先是在行业内放风预热，然后是1月26日新运价正式出台，接下来才是2月1日正式执行。

与时间选择上的精心筹划一样，顺丰多次对外强调此次新价格体系不完全是涨价，而是有升有降，强调按距离和地域为综合考量因素，使价格更精细化。此前，顺丰的运价是二元制结构，同城13元，异地22元，但在新方案中，目的地为北京、天津、黑龙江、吉林、四川、广东、重庆、河南、甘肃等25省市，首重价格加1元；而新疆及西藏等长距离线路，首重加2元，而杭州同城、浙江省内、江浙沪等五成以上线路保持原价，只有广东到江西等线路运费略有下降。行业人士观察顺丰新的运价表，指出整体涨幅在2%左右。

对于调价的主要目的，顺丰对外的一致口径是，新版价格体系以距离为基础更加实际，价格体系更为精细、合理，有利于提升人力、资源有效配置，提高整体服务质量，进一步增强和巩固顺丰以服务质量为首的核心竞争力。

虽然时隔4年微涨的2%，也立即引发行业的集体围观和热议，但其他快递公司可不敢跟风涨价。

物流专家、汉森世纪供应链总经理黄刚认为，快递行业同质化严重，所以企业惧怕涨价，担心会丢失客户，实际上差异化明显就不怕涨价。这就是现实：中国快递行业还处在价格战的阶段，多数企业利润偏低。

能体现"精细"二字的例子是，新运价表中以广州为圆心到达全国共分为16个区，每个区域对应不同的价格。黄刚表示，顺丰的新价格体系是在向国际快递巨头看齐，像 UPS、FedEx 等在美国本土，按照邮政编码，以州为圆心，综合考量区域经济特征、距离、运输资源稀缺度、业务量等诸多因素，制定出一套细化的定价方法。

在整个中国快递业中，除了顺丰以外的快递公司，都采用加盟模式，各个加盟点和快递员都有一定的议价权力，总部提供的价格只是参考，不是硬性要求，这种价格模式具有很大的灵活性，降低了企业的成本，然而效率和服务质量都难以保证。能够自主调价的只有顺丰，因为顺丰完全采用直营模式。

天使投资人、新媒体专家丁辰灵表示，顺丰调价和多元化经营有一定关系，因为在多元化经营方面，顺丰已经具有一定的优势，顺丰不但经营快递业务，近几年生鲜电商网站顺丰优选，线下 O2O 门店顺丰嘿客，在多元化方面顺丰近几年还在加快脚步。其实，如果没有精细的管理，多元化将是一场噩梦。之前为了方便用户，采取二元化的价格体系更容易抢占市场，而现在用户都日渐成熟，顺丰品牌也深入人心，对客户需求进行细分并对企业的线路进行优化，资源深度配置，正是恰当的时机。

其实，在2015年涨价的快递公司不止顺丰，比如国际巨头 DHL 就在年初涨价4.9%，UPS 和 FedEx 也宣布按"体积重"的计价方式，即根据包裹的外形尺寸来计算运费，而非重量。业内人士认为，今后国内快递企业调价，对价格进行精细化管理也会成为常态。对于用户，快递企业也要进行精细化管理，比如提供优质优价的服务，供对速度和服务品质都有要求的客户选择，或者对要求价格便宜但不在乎时间的用户提供价格更低的服务。

针对全国快速增长的包裹业务量，不同的企业选择了不同的发展路径。强占市场份额是大多数快递企业的首要目标，主要手段仍然是价格战，这种做法带给企业的是微利甚至亏损，没有空间和资本进行其他布局，更无暇通过创新技术降低成本、提升运营效率。顺丰之所以有更多的精力布局，是因为它在行业内以运营规范、资本实力强著称。

第三章

由加盟转向直营，顺丰
开启"重资产"时代

加盟模式并不能适应快递业一体化、集约化、标准化、机械化、集中化的发展趋势，直营模式是必然趋势。

——徐勇

1　不服管的"诸侯"触动了王卫的"痛点"

王卫是个非常懂得收和放的人，1999 年在公司步入正轨后，他基本淡出了公司的日常运营管理。短短六年时间，王卫将顺丰从一个几个人的小档口，升级为网点遍布全国各地的大公司，为加盟模式打下了基础。

当时，顺丰就像一块海绵，疯狂吸收快递市场无处不在的养分。在市场的需求之下，顺丰加快脚步建立网点。每建一个点，就注册一个新公司，分公司归当地加盟商所有。在加盟模式的推动下，顺丰的扩张的速度可谓疯狂。只不过，随着这些加盟商的不断壮大，这些雄踞各地的"诸侯"逐渐开始不听指挥。在利益的驱使下，顺丰的加盟商擅自在货运中夹带私货，有的加盟商更是自己开始延揽业务，当上了"土霸王"。

问题远远不止这些，有些加盟商开始瞒报收入，时常发生偷税漏税的情况，这直接触动了王卫敏感的神经。他在办企业之初的一个重要理念就是绝对不能让企业走上"歪门邪道"，要做就做一家规范的快递公司。不仅如此，王卫一直引以为豪的服务至上的原则也大打折扣，比如，"货物丢失""暴力分拣""毒快递""货件延时严重""强制用户先签收后验货""客户个人信息泄密""加盟商携款跑路"等。

实际上，加盟模式在快递企业发展及迅速扩张过程中意义重大。为什么后期会出现这么多问题？原因是加盟模式本身就存在一定的弊端。首先，每个加盟网点与总部之间的联系是松散的，这就使得总部的管理制度很难贯彻到底，控制力弱是加盟快递企业最大的缺陷。其次，在利益的驱使下，加盟网点在执行总部的服务流程和规范时往往会大打折扣，直接导致服务水平下降，出现延误、破损、丢失等问题，而这也是导致客户满意度降低的直接原因。"对加盟商来说，就是给企业加盟费，用企业的品牌而已，送一单赚一单的钱，不在乎实行总部服务质量和标准。"

再者，随着利益的改变，建立在利益基础上的加盟关系很容易出现裂痕，甚至瓦解。当加盟网点经营状况非常好时，与公司的关系就会微妙起来，双方之间的从属关系就会出现矛盾、受到挑战。此外，加盟网点为了多揽件，有时会主动拉低价格，完全不顾总部的价格策略。

1999年的一天，王卫接到了一位客户的投诉电话，此时他意识到了问题的严重性，想必之前市场上出现的种种不满也都是真实存在的。王卫认为自己必须要回归管理，有必要通过建立更为精细的操作规范和制度规避各种问题。在新的规范和制度实施一段时间后，王卫发现问题并没有缓解，情况甚至更糟，关于顺丰快递的负面消息时不时见诸报端。

这让王卫不得不开始重新思考，并决心找出问题的根源。

王卫发现导致种种问题出现的根源不是制度和规范不完善，而是加盟网点为了提高快递分拣速度，尤其是在靠近中心的中转场，负责分拣的员工根本不会执行操作规范。在多次强调和纠正无效之后，王卫开始思考顺丰的管理模式，他认为顺丰必须进行一场彻底的改革。

只不过，当时的局面更加复杂，且不说动这些加盟商的阻力，单就改革的方向、方式也是不确定的，当时快递行业普遍实行加盟模式，比如 1998 年，申通开始推行加盟制，这一方式以低成本优势迅速风靡全国，应者云集。直到今天，"四通一达"仍在坚持加盟模式。因此，改革的难度可想而知，正如王卫所说："当顺丰提出差异化经营后，承包网点改直营便遇到了很多的麻烦。当时一个承包网点就是一个小王国，根治这些问题，压力非常大。"

改成什么？如何改？这些问题依然摆在了王卫面前。当时，在王卫面前基本上有三条路可走。

其一，在原有模式上修修补补，继续维持加盟制，在管理措施上进行改进，比如强化经济惩罚、末位淘汰等，让那些"行为不轨"的加盟商受到惩戒和约束，从而使其不敢轻易造次。

其二，加盟和直营双轨制。在一些大城市或核心市场设立直营店，直营店下再设加盟网点。这可以保证关键的、核心的业务权力不下放，牢牢掌握在总部手中，原来那种总部鞭长莫及的局限性就可以克服，近距离管理和约束加盟网点，最大程度地贯彻总部政策。

最后，全面直营化，这也是王卫决心要走的路。

这条路走起来的难度不是一般的大，就目前而言，中国民营快递企业敢走这条路的也是屈指可数，而获得成功的也就王卫的顺丰而已。

2 王卫的收权运动——果断、坚决以及彻底

王卫之所以要下这个决心，是因为他的确看到了加盟模式下的乱象，再不做出改变，企业生存下去的根本就要被动摇。更重要的是，他找到了全面直营化的理由，当时国际几大快递巨头全部采用直营模式。

实际上，直营模式正是联邦快递创立的一种独有的商业运作模式，经过几十年的完善和升级，更加符合现代快递业的发展需求。可以说，联邦快递的成功，就是直营模式的成功。20世纪90年代初，以联邦快递为代表的国际快递巨头们，已经摒弃了较量成本和规模的初级竞争模式，进入比拼速度和可靠性的时期，当时中国的快递行业才在小范围内

开始萌芽。起步晚加上缺乏有效的借鉴和学习，使得中国早期的快递企业呈现了一种"山寨"形态。

王卫从建立顺丰之初，就想要建立一个好的平台，他想让顺丰达到甚至超越联邦快递。

这一切的前提就是顺丰必须走直营化道路，只有在直营模式下，企业的经营理念、战略决策才能被更好地贯彻和执行，直营化便于标准化管理，易于提高整体服务质量，方便总部整合快递网络，统一配货和运输等。可以说，直营模式是快递企业走向成熟的不二选择，就如徐勇所说："加盟模式并不能适应快递业一体化、集约化、标准化、机械化、集中化的发展趋势，直营模式是必然趋势。"

既然如此，为什么其他快递公司仍旧不选择直营模式？难道他们看不到加盟制的缺陷和直营模式的好处？

当然不是，这是一个企业传统和战略选择的问题。当今主要几家快递企业"四通一达"也早已看到了问题的所在，但是他们经过两相权衡后，更看重市场份额的影响力，这也是民营企业家们的普遍抉择。

由此更可以看出，王卫在1999年做出"削藩收权"决定的确非常有远见和魄力。因为在未来的某一天，当其他公司发现虽然占到了市场份额，但生存更加艰难时，它们也不得不面临"去加盟"问题。然而，那时转向需要的不再是魄力，而是沉重的代价。

从2013年起，圆通、申通等快递公司也试图开始从加盟制向直营制转变。这样做的直接原因就是，它们都图谋上市，而快递公司要想上市一个硬性的条件就是，直营率必须达到85%以上。不得已，圆通、申通等公司在全国转运中心城市和十几个省会城市实现了直营。然而，要想达到全面直营化，将所有省会城市和二三线城市的加盟商改造，将需要很多年的时间。正是因为王卫的当机立断，让顺丰在这方面先行一步，将身边的同行远远地甩在了身后。

除了果断，在全面直营化过程中王卫还必须有坚定的决心，即使出现再大的阻力和困难，也要将改革坚持到底。要想说服各地加盟商，让他们从自己说了算的所有权人变为听从管理的职业经理人，其中的难度可以想象。

为了尽量缓和加盟商的抵触情绪，王卫采取了相对缓和的措施，最大程度地给予他们补偿，一方面要求各加盟商将股份卖给他；另一方面为接受统一改造的加盟商提供优厚的福利待遇。王卫的改革由广东及珠三角一路向全国推进，在广东及珠三角的直营化还算顺利，到了珠三角以外的地区时，加盟商们的抵触更加激烈。从某种程度来说，与历史上各个朝代的削藩运动颇为相似，地区加盟商们为了抵制直营化，联合起来反抗王卫的"收编"，希望以此让王卫"知难而退"。不过，王卫没有被吓住，继续坚决地执行直营化策略。

有传言，王卫在推行直营化过程中甚至受到过人身威胁，有些加盟商为了经济利益不惜采取一些非法途径进行抵抗。物流智联网创立人，《物流智联网》著者罗辉林在谈到这个问题时也表示："我听说当时是很残酷的，甚至出现了人身安全的问题。直到现在，如若有人有幸遇上王卫，会发现这个穿戴极其平凡的中年男人身边常常会有4～6个彪形大汉相伴左右。"

即便如此，王卫也没有退却，最终还是攻克了这些最难解决的问题，一些观望的加盟商最终放弃了抵抗。顺丰从1998年开始执行加盟政策，不到一年的时间，王卫就决定叫停加盟政策，要求全部收回网点，坚持直营发展。虽然叫停加盟将直接影响顺丰接下来的扩张，但是王卫仍旧坚决、彻底地进行直营化改造。

今天，加盟与直营优劣势已十分明了，前者成本低、扩张快，但是口碑不佳，更适合占领低端市场；后者管理严格、培训好、服务优质，但是成本高，更适合占领中高端市场。正是模式的不同选择，决定了两者走上完全不同的道路。可以说，顺丰今日与众不同的气质，完全有赖于王卫当年的长远眼光和尽早果断转向的魄力。

到 2008 年，顺丰全面完成了直营化。通过直营化改造，大幅提高了服务质量，在高端快递领域几乎所向披靡、独树一帜。

3 直营意味着"烧钱", "重资产" 拉低利润

直营模式好吗? 好!

国家邮政局的相关数据也证明这一说法,2013 ~ 2015 年,消费者申诉率 30% 以上的全部是加盟模式的快递企业,更有 5 家加盟模式的企业的申诉率超过了 50%,而同期直营模式的快递企业(无论是民营企业还是外资企业),申诉率都没有超过 5%。同时,国家邮政局收到的 95% 以上的消费者申诉都来自加盟快递企业的加盟网点。

那么,就开始直营化吧! 不行!

原因就是一个字"钱",两个字"没钱"。直营模式的成本,比加盟模式大很多。任何一个想直营化的快递企业都必须要面对这一门槛,即

便是顺丰也如此。在直营化的过程中，估计王卫体会最深的就是对资金的渴望和力不从心。

伴随着顺丰直营化的深入改造和版图的持续扩张，自 2004 年起，王卫为了获得开设直营网点的资金，先后 9 次将物业或商展抵押给银行。2005 年更是将整间公司按揭给银行，只为了获取 420 万元的贷款金额，待获得利润后再将物业赎回。

与加盟模式不同，直营模式下每增设一个网点，公司总部必须要全资投入，包括房租、人员工资到交通运输工具等，所有前期投入都非常巨大。可以说，每建一个直营网点，就是一次硬性投入，在未获得收益前，除了前期建设费用外，后期的运营和维护费用也非常高，一个网点就是一个花钱的无底洞，而且全国范围内成千上万的网点需要投入。这样一算，就能吓退一批想要直营化的快递公司。

顺丰自从 1999 年开始直营化起到 2015 年止，总共拥有员工近 34 万人，网点约 12260 个，覆盖了中国大陆 31 个省、自治区和直辖市，300 多个大中城市及 1900 多个县区。此外，顺丰速运还在港澳台地区以及新加坡、韩国、马来西亚、日本、美国等国家设立了网点，服务覆盖全境，同时先后开通了泰国、越南、澳大利亚、蒙古、印尼、印度和柬埔寨等新目的地。

运输网络方面，顺丰拥有各级中转场 150 个以及运营车辆 1 万多台，并控股顺丰航空有限公司，为公司核心速运业务提供稳定高效的空中运力。顺丰航空以深圳为主运营基地，先后开通了多条辐射全国各主要城市的货运航线。截至 2016 年 1 月，顺丰机队规模达 40 余架，其中自有货机 27 架，已租赁全货机约 20 架。自有货机机队主要由 B737 和 B757 机型组成，同时接收了首架 B767 全货机，成为国内第一家拥有 B767-

300 型宽体全货机的快递公司。

如此之大的基础设施投入，让顺丰背上了一个硕大无比的"重资产"包袱。经过近 20 年的实践，王卫总算扛起了这个包袱，目前来看走得还算轻松。不过，在这过程中王卫的难处及艰辛也是不言自明的。九次抵押物业只是这场直营化改革"烧钱"运动的一个小小缩影。

正如宅急送的董泽勇所说："快递是只潜力股，前景肯定非常好，可是这个行业也极其费钱。团队打造、网络延伸、设备更新、技术引进……这些都需要大笔的资金投入。员工、车辆、房子、场地……这些都要用资金养着。快递不仅是劳动密集型产业，还是技术密集型、资金密集型产业，烧钱是绝对的。快递业的成本压力越来越大，利润空间越来越小。"

由此可知，一个公司若没有强大的盈利能力和雄厚的资金积累，试问谁敢轻易尝试直营化？就连国字号的中邮速递也几乎不堪直营化"重资产"的拖累。

2010 年，邮政集团实施邮政竞争性业务与邮政普通业务的分业经营，遂成立了中邮速递（EMS），成立之初公司走的便是全直营、重资产模式。尽管中邮速递的直营之路有传统邮政系统的网络和渠道作为铺垫，但是在扩展网络、提升效率时也同样投入了巨额资金。EMS 每年的资本性支出额相当惊人，2009 ~ 2011 年，EMS 资本性支出承诺金额分别达到 8.09 亿元、11.39 亿元和 14.43 亿元，已完成每年逐步增长的对于仓储设施、运输设备、集散处理中心以及揽收投递网点的建设维护等方面的投资，相当于当年公司营业收入的 4.1%、5.1% 和 5.6%。

对于顺丰等民营快递公司来说，完全没有可依靠的大树，走直营化每挪动一步都得掂量自己口袋里的筹码是否足够。然而，在直营化过程中，投入和运营成本之高还不是最令人窒息的。实际上，"重资产"的包袱直接拉低了顺丰的利润率，顺丰的盈利能力和业务收入增速远远不如"四通一达"，其净利润率及权益报酬率水平均在 7%~8%，收入增速为 25%~30%。而 2014 年申通快递的净利率、权益报酬率、总资产报酬率分别为 10.7%、46.6% 和 21.5%。

正如业内知名人士罗辉林所说的："直营的运营能力是有限的，随着直营的规模越来越大，边际管理效应会逐步降低，那么评定成本就会上升；而直营模式相较于加盟模式，管理成本一般会上升 12% ~ 15%。"这样的数据给人最直观的感受是，顺丰被誉为中国的联邦快递的背后是沉重的资本压力。

对于王卫来说，"重资本"是压力，也是动力和目标，他所要做的就是打造中国最好的快递平台，做前途远大和基业长青的快递企业。

4　直营打造双边保障，顺丰成为
通用的"信用证"

王卫在一次接受记者采访时讲述了这样一个故事：

有一次，王卫接到一个相识老板的电话，说他下面员工反映顺丰的快递速度不行。当时王卫第一反应是自己对顺丰的速度还是比较有自信的，于是他直接回答说："不可能，请你亲自寄一下。"之后证实是那位老板的员工给了他错误信息。不久之后，那位老板又给王卫来电说，他下面的员工反映顺丰员工的服务态度很差，叫也叫不来。王卫心想："企业做大了，树大难免有枯枝，但不至于像他说的那么夸张。"于是，他让人去调查这件事。结果还没出来，那位老板就收到他的客户投诉，说一个快件三天还没收到。于是，那位老板气上加气，非常恼火地问王卫怎么回事。王卫让负责人核查签收单，结果发现快件寄出的时间比下面员工说的时间晚一天，原来是那位老板的员工压了一天没寄。

后来那位老板问王卫，下面的员工为什么会那样针对你们公司呢？王卫只能把公司的规定讲给他听，那人一听也就明白了。他对下面的人说，以后不管什么理由，你就用顺丰。

那么，是什么规定让那位老板的员工如此不喜欢用顺丰快递？

顺丰的快件从收到派都有一套标准化的管理规范，且顺丰的价格相对来说也较高，一线快递员在价格方面没有浮动的权力，这是由顺丰的直营模式决定的，定价权牢牢掌握在公司总部手中。王卫表示，在顺丰，除了特殊的大客户，都是不允许打折的，更不要说给客户回扣。而在加盟模式下，各家公司的加盟商可以随意改动价格，有时就会出现为了拿下某一个大客户，而给负责人一些回扣的现象。

这就是为什么那位老板的员工一直不用顺丰快递的原因。

不过，低价格背后是什么？就是快递时间延误、服务水平低下、丢件、暴力分拣等问题频现，顺丰虽然价格相对较高，但服务水平、快递速度以及客户满意度是看得见的。正如王卫说的："我们不可能向每一个老板都作解释。在这期间，我们被一些客户忽略了，我们也因为价格原因放弃了一些客户。但是'路遥知马力，日久见人心'，其实花钱的人永远都是最精明的，自然会发现真正物有所值的服务，只不过是个时间问题。时间长了那些把戏就不攻自破。从长远来看，我们获得的是一批稳定、优质、有价值认同感的客户。"

其实，一种商业模式的成功，就是一个企业如何运作成功的故事。跟所有精彩的故事一样，动机、人物和情节是一个好商业模式得以存在的基础。对于一家企业而言，情节就是如何赚钱；对于一个社会公共部门而言，情节就是锁定解决一个特定的问题，或如何改变世界。不管哪一种，都要有合理的动机，要细致生动地刻画人物，同时情节必须体现对价值的认识。

顺丰在直营模式中，始终追求不断提升服务价值的目标。在 20 多年的发展中，顺丰速运连续多年被评为最受消费者喜爱的品牌，在过去的 20 多年中，王卫要求顺丰所做的就是用心送好快递，让用户的快件能够更加安全和高速地送往目的地。顺丰的服务和品牌就如一张通用的"信用证"，一提到顺丰，就是快速、保证的代名词。

这就是高价格的顺丰一直都能获得客户青睐的原因，也是在众多快递公司降价时顺丰仍旧能够提价且没有遭受客户流失的原因。因为从顾客的角度看，顺丰提供的托运是最有保障的，不管是货物的损毁、丢失还是被调换等问题，都无须担心。对于商家来说，顺丰提供了有保障的送件，顾客收件时可以面检，不用担心中间产生纠纷。换言之，顺丰提供的是双边保障，不只是托运。

王卫要求顺丰坚持直营化模式本身已成为一个动人的故事，虽然从快件托运到商品流通，前路未知，但顺丰的故事正在徐徐展开。未来快递业的发展方向一定是物流、信息流、资金流三流合一，和电商的沟通会越来越多，服务更加一体化是大势所趋。所有这些，只有在直营模式下才能够实现。

5　直营化的过程就是寻求“正道”的坦途

王卫说：“我最想展现给大家的是：第一，虽然我们的企业很年轻，但我们是言行一致的；第二，我们不‘偷鸡摸狗’，脚踏实地也可以成就一番事业；第三，员工和公司的发展也是可以双赢的。我最想对员工讲的话，如果浓缩成两个字，那就是珍惜。如果再增加两个字，那就是珍惜一切。如果要演变成一段话，那就是，珍惜你的家人和朋友，珍惜你所在的公司，珍惜你的国家。这个世界上没有理所当然的拥有，心存珍惜，你终有一天会看到幸福的面孔。”

的确如此，顺丰如今就是王卫眼中幸福的面孔。它已经成为中国快递发展的范本，人人都想学它，却都很难复制。这样的成功来源于王卫始终如一坚守的原则，做一个好平台，做一个有信仰的人。这样的信条不仅停留在口头上，而是在顺丰发展过程中实实在在地执行着。在直营化的过程中，虽然王卫不止一次面临资金紧张的局面，一分钱不到位都有可能让顺丰轰然倒下。然而，即便在这样的困难下，王卫也没有想通过一些不正当的手段获得资金。

王卫说："2002 年到 2003 年间，顺丰有一次全国大补税的行动，我印象中是补了 1000 万。非常坦率地说，这次补税的起因，是内部有一些人想要得到一些非分利益，以此来敲诈、勒索总部。当时我的想法是，偷税、漏税的行为原本就不是我的意愿，更不是我们主导去做的。所以，我绝不会因为想'过关'，就用钱来给自己埋炸弹。我们当时在全面补税之后，依法处理了这些人。我越来越感受到，顺丰的成功都是靠对手成就的。就这件事来说，如果不是它们，我不会在短时间内全面补税，也不会马上有机会削藩。更难得的是，顺丰自身从不断规范化经营中得益，逐步树立起了坚持守法经营、诚信纳税的口碑。"

王卫这样做不仅让企业获得了良好的形象，而且也得到了实实在在的物质回报。

随着海关对快件查验标准不断提高，顺丰的业务量不降反升。尤其是每当重要时期，政府相关部门要求严格执行禁限寄规定，顺丰的业务量不但没有受到影响，而且大幅提升。这是因为那些寄递不规范的企业被限制了，而一直规范行事的顺丰理所应当获得了长足的发展。

所以王卫经常对身边的管理层说："政府的监管，是鞭策、帮助，还是负担和约束，这完全取决于企业的心态，看看企业的核心是不是向正。政府是引导走正道、大道，你一心想走捷径、偏门，那就会有抵触，就很难合上时代发展的节拍。你只想做一些门面功夫，去躲去忽悠政府，肯定走不下去的。当然，正道走起来会慢，会遇到很多小的挫折、障碍，诡道走起来会快，但克服不了自己心里对眼前利益、短期挫折的执着。在你不断'过关'、提升自己的同时，也会让企业不断地健康壮大。可以说，一家正向的、正能量的企业，才能获得市场的认可，此时，政府或者市场的规则和规范不仅不会限制你，而且会成为你前进的助推剂。"

顺丰企业的核心价值观的英文简写，分别由诚信（Faith）、正直（Integrity）、责任（Responsibility）、服务（Service）、团队（Team）的第一个字母组合而成。这无不与王卫追求的正道相一致。20多年来，顺丰一直本着"成就客户、推动经济、发展民族速递业"的经营理念，积极探索客户需求，不断推出新的服务项目，为客户提供快速、安全的产品流通渠道。同时，帮助客户缩短贸易周期，降低经营成本，提高产品竞争力等，使客户能更快、更好地对市场做出反应。

在强大、完善、积极向上的企业文化的推动下，顺丰在客户的心里生根发芽，这才是顺丰最为独到和难能可贵之处。《中说·礼乐》中有言："以势交者，势倾则绝；以利交者，利穷则散。以情相交，情逝人伤；唯以心相交，淡泊明志，友不失矣。"可见，唯有赢得人的心，才是相处关系长久之道。同理，企业只有能真正赢得顾客的心，才能留住和赢得更多的客户。

这正是一种崇高的企业经营理念，王卫懂得，顺丰要是从一开始就投机取巧，估计早就被市场所不容，为国家法度所不饶，这也是王卫坚持走直营化的内在原因。市场竞争就是优胜劣汰的过程，快递企业的倒闭与兼并重组是正常市场现象。美国快递95%的市场份额被排名前四的快递企业占有，而中国有规模的快递品牌超过20家，市场集中度较低，兼并重组和优胜劣汰已经展开。正如王卫所说的："这个行业给人的感觉就是苦力活，很多人戴着有色眼镜看我们。其实，快递肩负任务很重要，是整个社会物品流通的网络，如果物流业停滞，整个国家血脉神经都会受到影响，它与经济的关联度相当高。"

王卫心中的快递行业不仅关乎寄递渠道的安全问题，而且肩负着国家使命。要想在未来的竞争大潮中屹立不倒，除了足够的盈利能力、正确的运营模式外，正向的核心价值观也是必要条件之一，顺丰的目标就是"做值得信赖和尊重的快递企业"。

6　电子商务搅局，让顺丰的直营体系频现短板

顺丰的直营化让顺丰占领了国内中高端快递市场的大部分份额，一直被行业内人士认为是最为成功的模式变革。然而，互联网的出现，尤其是以淘宝为代表的电商大行其道后，顺丰的直营体系逐渐显示出了一些"硬伤"。

王卫在接受媒体采访时直言不讳地表示："从2006年起，我们就开始和淘宝网商谈合作，也陆续投入，完成了一些技术对接项目。我知道一些快递公司电子商务的业务量非常大，市场前景很好，但我们来自淘宝的业务量还不理想。可能有两个原因：一是我们的目标客户群与网购一族有差异。目前网购派送价格很低，我们恰恰在价格竞争中不占优势，

在淘宝上面点击采用我们的量有限。二是双方在合作条件、合作模式方面还需要进一步沟通，需要共同创建一种平等、互惠、共赢的发展环境。"

实际上，不只是淘宝，2008年前后，原亚马逊全球物流系统经理黄朗阳曾经与王卫针对电子商务进行过接触，但由于顺丰对于电子商务需要的作业流程、定价流程以及服务流程都存在差异，顺丰认为合作很难进行，所以最终作罢。电子商务在一定程度上质疑了顺丰的全面直营化，直营化的高成本在一定程度上影响了顺丰的高定价，这样一来，高端定位就令顺丰与跟着价格走的电子商务失之交臂。

业内人士曾评价说："顺丰目前定位于高端，基本不涉足大众商务，它只能吃掉10%的高端客户，顺丰京沪线上的单价就是20元，10%～20%的快递成本，很少有电商愿意承受。"

实际上，这样的难题类似于联邦快递之类的国际巨头也难以克服。

2004年，联邦快递孟菲斯总部"满天飞机像繁星点点一样，在空中盘旋排队等候落地"，这让王卫震惊之余更多地警醒，他也想建造"中国的孟菲斯"，虽然在航空运力方面顺丰在国内无人能及，但是与联邦快递比起来差距不是一星半点。然而，十几年后王卫发现之前让他艳羡的孟菲斯总部发生了变化，昔日漫天的飞机已经不在，取而代之的是满地的卡车。密歇根分部加盟的网络和人员占到联邦快递员工总数的30%。

经过一段时间的观察，王卫发现促成这一变化的根本原因是互联网，联邦快递为了适应和配合电子商务的脚步，不得不降低速度、降低成本，电子商务倒逼着它放低身段甚至不惜重新开始加盟化。

直营模式虽好，但不是万能胶。国内快递业之所以获得长足的发展，与电子商务强有力的推动脱不了干系。由于直营站点铺设成本高，顺丰的网络并没有"四通一达"那样的广度和深度，在一些经济欠发达地区，很难看到顺丰的身影。

从某种程度上来说，直营模式对于70%以上业务都来自中高端商务市场的顺丰来说是合乎逻辑的，也与其自身的发展模式不相违背。在电子商务的大势下，顺丰不可能看不到自身的短板，也不能对一个万亿级的市场蛋糕无动于衷。

产业信息网发布的《2015～2022年中国电子商务市场全景调研及投资战略咨询报告》显示，2014年中国电子商务市场交易规模12.3万亿元，增长21.3%，其中网络购物增长48.7%，社会消费品零售总额渗透率年度首次突破10%，成为推动电子商务市场发展的重要力量。

不过，顺丰一向不参与价格战，也不靠电商拿单，坚持提供有水准的服务，订单量和利润率要远远高于"四通一达"。虽然没有在电子商务领域拿到大份额，但王卫并不担心也不后悔："由于服务标准和管理水平不同，我们的成本居高，有些事情我们确实做不了。人要破自己的贪心，要专注去做自己认为对的事。我做快递，总是告诫自己不要三心二意，看人家做得好就转向，要一心一意把自己的领域做专。我相信市场不愿意看见、政府也不愿意看见顺丰把高中低端市场一揽子通吃。大家应该是同台吃饭、各自修行、各施其法、各取所需，针对不同的客户群提供不同的服务。当然，随着公司的成熟，成本管控会越来越精细，最终我们会把管理成果转向市场，让客户受益。我认为市场有不同的服务、不同的产品、不同的价格，客户有多种选择的机会，这是件好事。"

这并不是单纯的为人豁达，也不是对于吃不到葡萄的一种自我解嘲，而是对自己及企业的客观认知。就像哲学家那句"认识你自己"，有时候人最难的就是认识和正视自身。短板也好、硬伤也罢，世界上本就没有完美的事物，只有不断追求完美的态度。王卫能做的就是，不断完善企业的运营模式，来为市场及客户提供更加优质的服务。

7 新直营网点模式，下乡抢占"最后一公里"

王卫曾在内部训话中多次强调，新的管理模式、新的组织架构，特别是贴近新一代的互联网思维将逐步融入到闭环管理体系。之所以要提到这一观点，与一则广泛流传的消息有关。2014 年，有媒体放出消息称顺丰将在 2015 年全网转改加盟商模式。这一劲爆内容一经曝出立即引起了极大的关注，有人认为一旦放开加盟，就意味着快速膨胀与管理失控的"旧戏码"将在顺丰重演。

早在 2013 年，顺丰内部就已经开始就农村网点的布局进行尝试，王卫强调："首先区域选择是经济欠发达地区，西部、华中和华北，级别是县级以下的乡镇。"很快，顺丰网络布局延伸到了县级城市，农村有数亿潜在网购人群，且农业互联网化是趋势。顺丰也想要搭上这趟便车，下乡抢占"最后一公里"。

目前，国内快递业界普遍认为，虽然通过加盟方式进入农村快递市场会遇到一些问题，如各网点服务标准不一、不方便管理等，但能解决网络覆盖所面临的深度和广度问题，并能非常有效地节约成本。如果采用直营方式，那么成本和价格易形成倒挂，在这种情况下，网点分布越广，越容易亏损。可以说，采用加盟方式布局农村电商物流体系已成为行业共识。

实际上，EMS 以及"四通一达"比顺丰更早布局农村市场，且有一定覆盖率基础。不过，顺丰的态度仍旧不变，即便是农村市场，无论是服务还是价格，也一定会保证"顺丰标准"，而且这些网点一定是只专营顺丰业务。

昔日一直坚持直营模式的宅急送，自 2013 年起，地县级全部采取加盟模式。不过，宅急送总裁郑瑞祥在接受《每日经济新闻》记者采访时强调，虽然宅急送开放了地县级加盟，但地级以上平台仍然保证直营，即只做一级加盟，"深度平台直营＋取派末端加盟"是宅急送独有的模式。事实上，宅急送开放地县级加盟的一个深刻用意就在于"甩包袱"。

"伙伴计划"就是一种新型的直营扩张方式，似乎更合乎农村市场的实际情况。顺丰将为拥有创业想法并符合条件的员工提供创业资金，只不过顺丰对其资质和身份的考核也会相应严格，比如必须操作规范，必须具备顺丰标准和理念，场地布局、软硬件设施必须统一管理等。

这种"形散而神不散"的新型管理机制和内部小微创业的管理模式，除了能很好地解决农村"最后一公里"的收派问题，更是顺丰颇为深谋远虑的一招棋。截至 2015 年，顺丰员工总规模将突破 30 万人。作为劳动密集型企业的顺丰，拥有了这么多的员工后，必然面临快速扩张之后带来的管理难题，哪怕顺丰本身是一家高度自律的快递企业。

为此，王卫在内部训话中多次强调："顺丰之前的高速发展主要是靠一整套机制（包括收派员的计提考核等）来推动的。坦白说，这套机制比较粗放，在前期市场大发展时是比较有效的，但是走到现在，这套机制已经遇到'天花板'了。如何突破这层'天花板'？我认为要靠精细化的管理。"

创新的模式既解决了农村网点布局问题，又可以解决人员精细化管理的难题，这不得不说是王卫在管理上的成功和远见卓识。截至2014年，顺丰已经覆盖乡镇1.3万多个，主要区域是华中、华西、华北。目前，乡镇快件量已经占到顺丰总件量的10%左右。正如王卫一直强调的，无论是哪种计划，都不会采取硬性量化的方法做"规划"，顺丰必然采取一贯的"不断尝试＋调校"的做事风格。因此王卫从不去争论和辩驳，因为事情只有做出来后才知道对错，适合顺丰的模式就是好模式，无须经过任何人的认可。

第四章

从"心"出发,顺丰式
管理决定企业高效能

顺丰管理理论体系只是企业管理的外功，练外功的同时还得有心法，要不然就会走火入魔。心法有四诀：有爱心，与员工有同理心；有舍心，与员工慷慨分享；有狠心，出于爱与舍对员工严格要求；有恒心，长期坚持这样做下去。

——王卫

1 适合企业的管理模式才是最好的

向谦和、低调的王卫，从不刻意宣扬自己的成就，只不过耀眼的顺丰总是难以掩饰自己的光芒。从创办至今，王卫带领顺丰走过了20多个春秋，从几人发展为现在的30万员工。尽管如此，当有人问起他是否有什么成功的秘诀时，他只是淡淡一句"运气还好啊"。

难道真的只是运气好？估计这话没人信，运气这东西说有则有，说没有则没有，任何事情的成功都不能依赖和等待好运的到来，顺丰之所以有现在的成就，肯定存在着一套独特的管理体系。如若不然，一个如此规模的企业何以能够如此高效地运转？

不过，真要总结顺丰的模式，那就是无模式。无论是直营化还是差异化，顺丰都走在了同行的前面，因为王卫的信念就是不盲从、不跟从，从经营到管理没有什么定式，只有适合自己企业的才是最好的。顺丰走的就是一条适合自己的路，成功企业的模式可以借鉴，但不会拿来照搬。正如王卫所说："有时我们学了某个框架就想套用，因为不理解设计初衷总会有不匹配，20多年以来我一直在寻找适合的框架。"

时间回溯到2002年以前，顺丰当时还没有成立总部，像其他同行一样采用加盟网点的模式经营管理，由于加盟网点比较分散，集中管理员工比较困难，所以，成立之初的顺丰只是一味地追求高业绩，在员工管理方面，没有任何规章制度可循。这种经营模式引发了各种问题：员工的着装不规范、服务标准不统一、行为举止不能体现顺丰品牌的形象等。

怎么办？是和大家一样继续走粗放式的、高速扩张的发展之路，还是放慢脚步、先强化内功再图发展？王卫的决定是后者，他开始领导顺丰开展轰轰烈烈的收权运动，顺丰经营模式逐渐走向直营化。直营模式与之前的承包制的经营模式有很大的不同，主要表现为顺丰可以轻而易举对员工实行统一管理和调配。在此基础上，顺丰又对员工的行为进行统一规范，包括着装和行为举止，顺丰的品牌形象得到提升，服务不规范的问题也得到了根本解决。

王卫的成功就在于，将直营模式下的员工管理做到了极致。那么，顺丰的员工管理模式主要有哪些特点呢？

1. 为员工提供广阔的发展平台

对于追求上进的员工，顺丰公司还为他们提供了公开、公平、公正的职业发展平台、E-Learning学习平台，鼓励员工通过持续学习，进一步提升自己的服务水平和服务技能，最终实现自己的价值并完成自身的全面发展。

不管是员工培训制度还是信息办公系统，顺丰公司都进行了完善，这是为员工提供有关企业文化和价值观、专业技能、管理技能等方面的培训的基础。顺丰的员工还可以通过学习不断提升自己的工作能力，逐步实现职业发展的目标，顺丰为员工提供了结合自身的发展特点和职业诉求，选择合适的职业发展通道的可能。员工可以选择的职业发展通道包括：

（1）管理发展通道，是指通过管理和带领团队完成工作目标，提升自己的工作能力；或者通过晋升获得自身的发展，实现自身的价值。

顺丰速运在这一方面的举措，主要是提前选拔一些储备干部，在提拔到管理职位之前，顺丰要先对员工进行专项的培养，提高员工的工作能力，以适应新的岗位。

（2）专业发展通道，是指在某一专业领域进行更加深入细致的研究，提升专业技能，通过专业技能的提升获得另一种发展。

2. 采用公平、公开、公正的用人机制，为员工提供优厚的薪资和福利待遇

顺丰速运在进行员工招聘时实现透明化，并坚持公平、公开、公正的原则，这是聘请最优秀员工的前提。透明的评估制度同样适用于对员工的工作进行绩效管理。在充分考虑员工岗位特征的基础上，以员工的工作业绩为基础，分别采取月度、季度、半年度和年度考核方式对员工进行考核。被考核人的上级直接参与管理层的业绩考核，评估的内容包括管理者的个人表现、对下属的管理情况和所在团队的业绩情况。为确保评估工作的客观公正，对于在绩效考核中处在首位和末尾的员工，还

要实行三级评估制度，即员工自评、一线经理评估、二线经理评估。最终得出的考核结果将作为员工升级、降级或者辞退的依据。

3. 为新员工指定导师制度

顺丰公司委派专人向新员工介绍公司的规章制度和工作内容，目的是帮助刚刚进入公司的员工迅速适应工作环境，胜任工作岗位。此外，顺丰速运还为新员工指定导师，每一名新员工都在老员工的指导下适应工作，老员工可以指导新员工妥善处理工作和生活中遇到的问题，使得新老员工能够和谐共处，这对营造良好的人际关系有重要意义。

4. 重视对员工的关怀

随着国内快递行业竞争愈演愈烈，一线快递员工作压力大，工作也非常辛苦。为了减轻员工的工作压力，帮助员工解决工作和生活中遇到的困难，顺丰速运在公司专门为员工成立了关怀平台，给予员工在人文方面的关怀，帮助员工提高工作效率和工作绩效。

5. 培养员工形成具有企业特色的价值观

在中国快递业刚刚兴起的时候，大多数民营快递公司应运而生，这些民营公司为了迅速占领市场，在招聘人员上并没有提出严格的要求，因为当时的管理模式和规章制度还不够成熟，直接导致员工的组成较复杂，工作能力、教育背景和价值观方面存在很大的差异。为此，顺丰速运在公司内打造了独特的人才观，重视员工的品德，促进员工品德和能力的共同发展。

同时，顺丰的员工还必须遵从顺丰速运的管理和经营理念，做到诚实守信、爱岗敬业、积极进取、谦虚谨慎、踏实肯干、服务客户、承担责任。顺丰力求在公司缔造"知行统一"的价值观，规范员工的言行举止，使员工的所思和所行都能体现顺丰的价值观，使员工在精神层面形成一股合力，增强员工的责任感和归属感。

不能说顺丰的管理模式就是最好的，起码在当前行业背景之下，顺丰的发展是成功的，这就证明这一套管理模式是行之有效的、适合顺丰自身需求的。

2   让所有人心态归零，别把"包袱"当"宝"

很多时候，企业带头人的心态就是企业的心态，企业的心态又会影响员工的心态。好的企业心态，对于培养和引导好的员工心态有莫大的关系。之所以要强调员工心态，是因为只有每一位员工都拥有良好的心态，企业才会真正成为高效率企业。

王卫所强调的心态归零有以下几个层次。

1. 要放下之前所有的成功经验，不要把经验当宝

王卫曾经说："我曾经对很多同事说，别把以前的经验当作'宝'，你所以为的'经验'很可能是一种'包袱'我们进入一个全新的领域，都

要有归零的心态。背负太多'包袱'，将成为制约我们新业务发展的重要原因之一。"

王卫讲这段话是有背景的，时间倒退回2014年，顺丰在这一年进行了一系列的业务探索和转型，包括提出"嘿客"经营模式，收购全国各地优质的落地配企业……然而，在大刀阔斧的改革后，王卫认为，这些创新有一半是失败的。王卫认为之所以会失败，其中很大一部分原因就是输在了心态方面。

在2014年的探索或转型过程中，顺丰没有从外部引进太多专业人才，而是希望内部员工得到这次好机会。王卫一再强调，所有同事的态度、看法和自我转型的程度是他最看重的。选择内部员工参与转型，就是为了提高员工的职业技能，让员工掌握新的技术，以适应时代的变化。

然而，就是这些王卫最为看重的方面出现了问题，在整个转型过程中，很多管理者和员工背负的包袱太重，限制了自己的发展。王卫说："这个包袱就在于，过去我们是单纯地送快递，大家都习惯了这套思路和做法，不自觉地就把这一套做法套用到新的业务领域。

2. 尊重和包容，不容许任何人有凌驾于他人之上的想法和行为

在顺丰的所有发展阶段，王卫都非常重视企业文化的塑造，尊重和包容一直都是他所引以为傲的两个方面。王卫一直强调一线快递员才是顺丰最值得尊重的人，所以无论是哪个层级的管理者，都要放下管理者高高在上的心态，要从内心尊重一线员工的劳动成果，对他们为企业付出的劳动心怀感激。只有发自内心的尊重和关心员工，员工才会自动自发地做好本职工作，遵守公司的服务规范和标准，从而更好地为客户提供优质的服务。

2016 年 4 月份的一天，一段"快递员把正在倒车的车辆剐了，司机下车又打又骂"的视频在网上疯传。不巧的是，那位被打的快递员就是顺丰的快递员，事件发生没多久，王卫便一改一向低调的作风，高调地出来为快递员打抱不平、撑腰。王卫说："我们的快递小哥大多数是二十来岁的孩子，他们不论风雨寒暑穿梭在大街小巷，再苦再累也要做到微笑服务，真心希望发生意外时大家能互相理解，首先是尊重！我们已经找到这个受委屈的小哥，顺丰会照顾好这个孩子，请大家放心！"

无论是谁，看到这样一段话估计内心都不会太平静，一个身处高位的人，能为一个最底层的员工说话，这恐怕并不多见，而且在此后的处理过程中王卫一改低调、谦逊的态度，高调、强势地要求严惩打人者。

这就是顺丰的尊重文化，王卫说到，自然也做到了。无论是谁，都不能以高人一等者自居，一线快递小哥才是公司最宝贵的财富。

3. 可以自信，但不能自负

王卫发现，随着公司日益发展壮大，内部一些人不自觉地流露出自己是"大公司人"的自负想法。这种"自负"让外面的很多人感到不舒服，别人的第一感觉就是"这些人都是井底之蛙、夜郎自大"。王卫说："我听到了'自负'，而不是'自信'，这让我感到惊讶，也很疑惑，顺丰培养出来的人怎么会这样？我们的很多新业务还都处于摸索阶段，应该很谦虚地去向别人学习，去跟客户探讨，而不是自以为是，让外界对顺丰留下不好的印象。"

可以说，自信是一个人最大的资本，是潜能发挥的催化剂。自信不是自负，也不是自大，内心自信的人可以强大到战胜任何困难，而自负的人往往目空一切，困难和挑战真正来临时却一筹莫展，因为他们将大把时间花在了炫耀和自我陶醉中，而没有将心态放平，积极学习新的技能。

　　这也就是为什么王卫一直都如此低调的原因，因为他知道，无论何时空杯心态对于自己及顺丰都是非常重要的，这样才能始终保持一种学习和不满足的心态，不断地创新和调整企业发展的模式和体系。一个始终保持活力的企业，才是一个高效的企业；一群始终积极向上的员工，才能推动企业高效运转。

3 诚信管理，杜绝任何形式的弄虚作假

在顺丰的核心价值观中，诚信是最为重要的一个部分，王卫将诚信定义为顺丰人的道德基础，是公司生存和发展的基石。顺丰在一步步发展企业的同时，坚守自身的原则，在诚信中成长，让越来越多的消费者信任顺丰。

在顺丰 20 多年的发展过程中，诚信体系的搭建至关重要。不过，打造诚信企业需要巨大投入，包括人力、物力以及财力等方方面面。20 多年来，顺丰不断投入巨资加强公司基础设施建设，不断提高运营设备和信息处理系统的科技含量，不断提升员工的业务技能和服务意识。经过多年的努力，顺丰在快递领域取得了令人瞩目的成绩。值得一提的是，

在快速发展过程中，顺丰速递一直遵循法律法规，坚持诚信纳税，这也是消费者信赖顺丰的原因之一。

不仅如此，王卫还非常注重诚信务实作风的培养。在企业日常的经营和发展过程中，要求管理者和员工都要遵守诚信、守诺的原则，养成彼此尊重、紧密团结的工作氛围，勉励员工认真、敬业的工作，让每一个顺丰人都自觉自愿地保持着诚信的品格，如此才能使得顺丰给客户留下诚信经营的良好印象，从而提高顺丰的品牌美誉度。

正是这样的坚持，让顺丰获得了各界的一致认可和好评，比如 2005 年，顺丰"SF"商标获得"A+ 资信品级证书"；2008 年，顺丰又被中国物流与采购联合会授予"中国物流改良开放 30 年旗帜企业"……这些声誉的背后，都是用户对顺丰坚持以诚信为管理理念的极大认可。

王卫对于企业诚信的要求近乎苛刻，他不允许企业中出现任何有失诚信的情况。他认为，越是在公司业务量高速发展的时候，越是不能对服务质量掉以轻心。在众多公司评价数据中，王卫对客户满意度调查数据尤为重视，数据的高低、升降直接反映了客户对顺丰服务的认可度和满意度。

因此，王卫不容许对客户满意度数据进行造假，他曾经说："一直以为我们都坚持用不同的方法，从不同的渠道去获取客户的真实声音。但是从目前的情况看，客户声音获取、提炼的方法以及最终呈现出来的数据的真实性，是有问题的。不管是月度还是年度，从单纯的数字来看，都很亮眼，但是说实话，我并不能真切地感受到我们的服务质量在提升，相反，我认为我们的服务质量在下降。"

他讲这段话是有根据的，2014 年，公司在多个方面进行了转型和创新，结果有些项目和服务并不尽如人意，在这种背景下，公司方面提交的客户满意度数据报告却非常亮眼。因此，他认为当时所谓的客户满意度上升是有一定水分的。这些数据，不管别人信不信，反正他是不相信的。通过这件事，王卫感觉自己受到了非常沉重的打击。因为他认为顺丰一直把诚信作为员工的基本行为准则，无论如何也不会在诚信方面出现造假的情况。然而，事实是公司内部的一些报表、数据出现了作假的情况，这在一定程度上令他难以接受。

> 我认为，从客户那里获取的声音必须及时、真实、准确，不然我们就不知道客户的真实需求或遇到的实际问题，改善服务也就无从谈起。另外，如果我们连客户的声音都不清楚的话，接下来我们又如何能推出更优质或者是附加值更高的新产品新服务？这会影响到整个公司的战略目标的达成。所有人都喜欢看好看的数字，但是如果这些好看的数字不真实，反映不了实际情况，那么它的存在又有什么意义呢？我们不需要自欺欺人，更不能对自我进行精神麻醉。真实的口碑来自好的服务，顺丰从成立到现在，差不多有十八九年是没有销售团队的，业务推广靠的就是口碑，客户的口口相传是我们最有影响力的销售模式。现在专业的销售团队已经成立三年多了，但我们是不是把自己的口碑、以口相传的精神遗弃掉了呢？这是所有顺丰人都需要反思的。

在长达20多年的经营过程中，顺丰鲜少打广告，对于顺丰来说自身的品牌就是最好的广告。而支撑顺丰品牌不断前行的原动力就是诚信，员工的诚信、管理者的诚信、企业的诚信，构成了顺丰的诚信管理体系。

这也是顺丰独到的管理特色之一，在诚信面前，任何欺瞒都不被容忍，王卫对于诚信的要求几近苛刻，这是因为他看到了诚信的力量。正如马云所说的："小企业成功靠精明；中等企业成功靠管理；大企业成功靠的是诚信。"

4 顺丰模式，保证高工资的同时降低劳动强度

顺丰之所以能够高效运营，是因为它背后有一群高效工作的人，有人曾说："顺丰的快递员真是很拼，有人在路上出了车祸，爬起来一看没事，还是要继续送快递。"关于这一点，网络上甚至还流传着这样一个段子："一位男士对喜欢网购的老婆说：'老婆，看见没有，人家快递员多不容易，没有买卖就没有伤害。'"

无论外界怎样看待这样一些现象，但顺丰的确创造出了这样一种工作氛围，每个员工都在拼命往前赶，都在积极投身于自己的工作。那么，这背后的推动力是什么呢？

原宅急送总裁陈平说过这样一段话："顺丰的收派员和企业是分配关

系，不是劳务上下级关系。这就是王卫聪明的地方，当年收权他没有全收。当时是加盟老板不听话，他把老板收了，老板底下的员工就容忍，只要听话就行了，歪打正着了。"

这还要从全面直营化说起。

其实，王卫也知道加盟制的好处，它可以确保企业在开疆拓土的时候，非常迅速地扩张，因为人多力量大。用当下流行的一句话说，这也是一种轻资产模式，因为总部不需要很多人，主要承担管理和战略职能。

然而，王卫也看到了加盟制下的弊端，服务质量上不去，客户体验上不去，盈利就上不去。因此，必须要去加盟制，实行全面直营化。顺丰进入直营模式后，意味着公司不可能像加盟制公司那样广铺网点，大肆扩张。快递员的工资开始由总部统一发放，运营成本一下增加不少。

王卫也知道直营将面临的困难，但从运营成本上下工夫是解决不了问题的，关键在于要开源，要大幅度提高营业收入，而这就要靠高质量的服务赢得更多客户的认可。因此，首先要解决员工积极性的问题，只有调动员工的积极性，才能提高工作效率和质量。在这种情况下，王卫设计出了两种收入分配模式：

1. 承包制

每个快递员就是企业中的"个体户"，像当年的包产到户一样，每个快递员在城市里有自己的片区，别人不会来抢你的，但是如果你的片区业务量增长缓慢，一段时间内没有起色，就会被裁换掉。

2. 计件工资制

这也是顺丰发展到今天的独有秘诀之一。这样的制度保证了顺丰一线员工的高收入，高收入支撑着顺丰以快为核心的高服务质量。顺丰收派员的基本工资并不高：试用期一个月 1800 元，过了试用期就是 1500 元保底，派一件快递提成 1.5 元，收一件快递最低提成 2 元。每个快递员的收入全部根据工作业绩提成，每个月的收入都是可以预期的，并非常稳定。在顺丰，每个快递员都是自己的老板，因为他们的报酬全系于勤奋以及客户的认同，而月薪上万的收派员在顺丰早已不是特例。

这种收入分配制度有点像出租车司机，不过在某些方面两者之间还存在着差异，出租车司机也会有犯懒不拉活的时候，而顺丰的快递员从不会有这种情况。因为如果一名快递员的片区来了件而快递员不动，只要一个投诉电话，这名快递员就会受到处罚甚至被裁换。

正是在这种收入分配模式下，顺丰的每个快递员都会非常积极地拓展客户，去服务好客户，自己的片区越肥，自己挣得越多。当时，还流传着这样一个笑话：有个客户投诉顺丰的快递员，顺丰客服问为什么要投诉？客户说，我叫了个快递，说今天上午到，结果早上 6 点就敲门把我吵醒了，困死了。

这个笑话背后的真相就是，顺丰的快递员绝对不会犯懒，他要赶快把快件收了，然后再去下一家。这也正是顺丰快递时效有保证、服务好的原因所在。

当有人问王卫如何管理好二三十万的员工？

王卫轻松地回答说："员工要尊重，给他尊重；要收入，给他收入。当他月收入上万元，他会要你两千元的手机吗？如果有人真拿两千元的手机，我会不计代价地去查，五百元的也往下查。人性都是趋利避害的，弄清这点，即便是 40 万人，也没什么难管的。"

当然，王卫的高明之处不仅如此，他还非常注重员工个人形象品牌的打造。

在一般人眼中，快递行业就是一个技术含量低、靠劳动力吃饭的行业，王卫却要改变人们的这种认知，他要改变快递员靠出卖劳力搬货的宿命，他要将快递员赚钱的模式从手脚过渡到嘴巴，从体力转向脑力，从注重公司品牌形象转向重视员工个人形象品牌。

正如王卫说的："有人问我，在公司转型过程中遇到的最大难题是什么？其实在我看来，最大的难题既不是公司 30 多万人的管理问题，也不是转型过程中的策略方向问题，而是在目前公司利润稀薄的情况下，如何才能在降低一线员工劳动强度的同时又能够保证其收入，甚至提高收入的问题。2014 年我们尝试了很多新的增值服务，有些同事可能没真正领会公司的战略意图，其实我们是想寻求新的业务模式来创造更多的效益，然后压缩一线员工的工作时长，降低劳动强度，而不是想一出是一出，故意来折腾大家。快递行业是一个比较辛苦的行业，前线收派员同事的日常工作尤其辛苦，如果我们不能从出卖劳力赚钱的传统模式中解放出来，那么顺丰就不算真正蜕变成功。"

可想而知，在这样的分配模式下，每一个人不仅获得基本的尊重，而且获得了丰厚的物质回报，这样一来顺丰的整体效能想不飞跃都难。

5 管理要因人而变，更要因时而异、与时俱进

王卫内心非常清楚谁是顺丰的核心资产——一个一个的快递员。曾经在网络上广为流传的一张图片，也是鲜少见诸媒体的王卫仅有的几份个人形象资料之一：在某年的顺丰公司年度大会上，王卫给优秀的快递员颁奖，并且鞠了一个 90 度的大躬。

实际上，王卫本身就是快递员出身，他最初也是背着大包骑着摩托车满大街为客户送快递的。因此，王卫更能深刻地体会到一线快递员的艰辛，以及快递员服务水平对公司业绩的影响程度。顺丰华东区一位高级副总裁说："顺丰的目标是成为最值得信赖和尊敬的速运公司，而要实现这一目标，我们首先需要得到员工的信赖与尊敬。"有这样的老板，精

神上重视员工，物质上不亏待员工，员工能不好好干吗？

"一线收派员才是最可爱的人。"这是王卫的经典名言。可见，在员工管理方面，顺丰始终坚持"以人为本"的管理理念。在顺丰内部管理中，管理者也一直致力提升员工的服务意识、改善员工的工作环境、因人而变地改进管理措施。

不过，时移世易，在王卫创业起步阶段，公司的快递员都和他年龄相仿，多是"60后""70后"，而现在快递员以"80后""90后"居多，老快递员年龄越来越大，"80后""90后"愿意当快递员吗？愿意低声下气地去服务好客户吗？

这的确是个大问题。

顺丰自1993年成立以来，至今已有二十几个年头。在这20多年的发展过程中，许多"60后""70后"的老员工依然坚守在工作岗位上，然而随着公司的不断壮大，越来越多的"80后""90后"新员工也加入到员工队伍中来。在个性、价值观、工作行为、工作认知、职业发展以及个人追求等方面，新老员工会存在很大的差异。

因此，顺丰管理层面对一个巨大挑战：如何有效地调节新老员工之间的冲突，权衡各方利益。为了最大限度地满足不同员工的需求，顺丰积极调整管理理念，并制定了一系列管理制度，确保将一整套管理体系真正落实到员工的工作实践中。

对公司的发展而言，年轻人作为新鲜血液进入公司，既是一种机遇，也是一种挑战。因为顺丰一直秉持"以人为本"的管理理念，所以公司应该在管理思路和管理模式方面做出一定的调整，以适应就业群体的变化。

顺丰因人而变的管理，首先表现在其奖罚机制中，这种奖罚机制可以依次分为三个层次：一是奖罚分明，即所有的奖罚都是有依据的，管理者的个人偏好不是唯一的考虑因素；二是奖罚对称，即不仅要有奖有罚，而且会适度增加鼓励的成分；三是以鼓励为主来推动企业的发展，鼓励是一种良性的、积极的激励方式，这种机制使员工可以自觉规范个人的行为，最终形成一个良性发展循环。通过这三个层次，顺丰在管理模式上实现了因人而变的基本思路。

不仅如此，为了更好地贯彻因人而变的管理思路，顺丰制定出一整套完备的行动方案，投入大量资金，以保证这些方案得到落实，这些做法收到了积极效果，员工的工作环境和公司的信息化程度都得到了提高。从本质上来说，这样的行动方案意味着公司的管理方式与其所倡导的理念相吻合，能够提高员工对公司的信任。

为了进一步让新一代员工感受到公司的关怀，唤醒管理者们换位思考的意识，顺丰还在公司中推行中、高层管理者到基层岗位中学习的制度。通过多种方式的学习，管理者的管理能力得到了提升。此外，顺丰特别关注员工的内在心理需求，注重营造良好的工作氛围，为此提供大量资金和精力支持改善基层工作环境外，改善员工工作的软环境。

王卫始终坚持员工与公司共进退、利益共享的原则。他说："未来市场、政策、经济环境会有什么变化，没有人知道，顺丰在面对这些变化时会积极尝试很多新的模式，同时内部也会不断进行调整。不过不管怎么变，有一样东西是不变的，那就是公司对待所有员工的'心'依然很正、很真、很纯。我们做任何事情，包括内部改组，都会优先考虑员工。当然，这是有前提条件的，前提就是员工也是真心为公司付出，同时能顺应公司发展积极迎接变化。这样的员工不用担心自己在公司的变革调整中会被边缘化，相反会获得更多机会。至于那些心术不正、不愿意付出、惯于浑水摸鱼的人，我们是坚决打击的。"

　　与时俱进的管理理念，是促进企业不断高效运转的保证，顺丰的未来需要人来创造，因此王卫坚持给这些创造未来的人提供最好的、最贴切的利益关怀。

第五章

天下武功，唯快不破，
用速度征服这个世界

在中国的速递行业中，曾经有一家叫顺丰的民营企业，能从心底让对手感到可怕更可敬！人可以输，但不能输掉尊严！死随时都可以，但要死得有价值！战死，好过做俘虏。

——王卫

1 跻身"快鱼"行列，高科技让顺丰驶上高速路

在王卫看来，顺丰要想提升效率，加快反应速度，就要习得"神行百变"的功夫。这一切必须以随时都在不断快速发展的科技为前提。王卫想到了管理升级。2003 年，为了配合顺丰的信息网络建设，王卫以 7000 元人民币一把的高价，从韩国进口了一批巴枪——HHT 手持数据终端。对于拥有十几万员工的顺丰，王卫可谓花了血本。

如果说剑客的武器是手中的利剑，那么顺丰员工手中的武器就是巴枪。有了巴枪以后，顺丰的每件快递都拥有一个专属条形码。扫一下条形码，就能将该订单的状态上传到网络，直接将当时还在使用电话、短信联系的其他民营快递企业甩出了几条大街。

以此为基础，顺丰推出了全程快递查询服务，客户可以随时了解快递在什么地方，也能知道快递什么时候到达目的地。快递派送环节的透明化，让顺丰获得了更多客户的信任。

巴枪属于顺丰信息化管理机制中的基础环节，也是顺丰快递的速度在业界遥遥领先的重要武器。

有了这些先发优势，王卫依旧没有停下奔跑的脚步。为了摆脱高价进口巴枪的制约，也为了完善巴枪的使用功能，他找到清华大学合作研发自主品牌的手持终端。现在，新研究出的 HHT4 手持终端不仅更轻薄，功能也更加齐全。

顺丰现在使用的巴枪有点像老式手机，功能有点像掌上电脑。按下红键之后，屏幕上有 17 项菜单。巴枪最基本的功能就是帮助完成快件的现场跟踪。快件在每一个人、每一个仓库、每一辆车之间发生转移的时候，工作人员都需要用巴枪扫描快件上的条形码。这样一来，快件的去向就被上传网络，方便查询。用户下单以后，也能够在顺丰的网站上实时查询自己的快件到了哪里。此外，它还有运费结算、查询收派件范围和手机拍照功能。

后来，为了加强顺丰全国各地部门之间的联系，王卫又引进了数字网络传真机。在这之前顺丰各个部门之间使用传真机进行沟通，海量的传真经常导致传真机死机。数字网络传真机的引进，有效解决了网络堵塞的问题，而且大大降低了传真费。通过一系列的设备升级，王卫利落地将内部乱麻一样的沟通问题解决了，顺带砍掉了大笔的沟通成本。

如果说巴枪是顺丰的利剑，那么自动分拣系统则是顺丰发展的"心法"。2006 年深圳举行首届物流系统解决方案展览会，会上深圳电信展示了一套全新的物流信息化自动分拣系统。该系统将客户服务、仓储、运输、配送系统进行了整合。尽管价格不低，但王卫没有丝毫犹豫，果断地引进了这套系统。

自动分拣系统的应用，使顺丰实现了全天候 24 小时无差别自动分拣。这样不仅减少了人力资源的浪费，节省了大量分拣时间，还降低了人工分拣的差错率。这又成为顺丰高效运营的一个重器。

顺丰的送货车，每一辆都配备有 GPS 全球定位系统。以此为基础，顺丰成功打造了"全球眼"系统。通过这个系统，顺丰可以更精准地掌握货物的位置，不仅方便顾客查询货物位置，也有利于认定和追究货物运输中出现问题。

此外，为了配合企业的信息化进程，顺丰还建立了计算机数据库。这个数据库系统分为业务核心系统、财务核心系统和客户核心系统。这三个系统分解了顺丰的交易过程，并做出了重新规划，无论哪一方面需要应用信息，都能快速有效地获取。

通过对上述科技要素的综合运用，顺丰成功打造出属于自己的独特运营方式——全生命周期管理系统。工作效率提升了，反应速度加快了，客户满意度上升了，市场份额增加了。这种服务巩固了顺丰在行业内相对于其他快递企业的优势，使得顺丰跻身于"快鱼"行列，不会被市场淘汰，也不会被同行"吃掉"。

在高科技武装下的顺丰，驶上了快递业务发展的快车道，一路前行，一路超越。

2 Web 3.0 时代，顺丰要站在极速 时代的风口上

在Web 3.0 的大背景下，机会在哪里，资本就会在哪里迅速汇集，力量就会在哪里重新积聚。同时，产业间跨界发展风生水起，企业和产品迭代速度越来越快。在这种情况下，如果缺乏感知，不能迅速反应，虽然小企业不一定败给大企业，但慢企业肯定会败给快企业。即便是业界巨头，也有被对手赶上甚至超越的危险，诺基亚、柯达等曾经的行业巨头衰落就是明证。

身在快递业，"快"是永恒的追求。没有最快，只有更快。如果不能让自己跑起来，就有被同行超越的风险。众所周知，顺丰一直主打"快"字招牌，并以其他快递企业难以企及的速度，在国内大型快递企业大军

中一骑绝尘。这种"快"不仅表现在送货速度方面，也表现在一次次先于对手做出改变。

顺丰刚刚成立时，业务仅限于佛山市顺德区。经过3年的发展，到了1996年，顺丰不仅走出了顺德，还走出了广东，将触角伸到了广东以外的城市。

截至2006年，顺丰的服务网络已经覆盖国内20多个省区及直辖市、101个地级市，包括香港地区，成为中国速递行业的佼佼者。

此后，顺丰还走出国门，发展国际快递业务，搭建起了快递帝国的基本框架。

现在，顺丰依旧没有止步。为了适应当前不断变化的经济社会形势，顺丰跨界发展，开始向零售和电商行业渗透……

任何企业的成长壮大都不可能一帆风顺，成就越大，往往意味着困难越多，顺丰也不例外。无论是从加盟到直营，还是遭遇金融危机以及《邮政法》出台，抑或是今天不断变化的国际国内形势，对顺丰来说，都是一次又一次的挑战。

面对挑战，顺丰没有丝毫的犹豫与迟疑，而是迅速调整自己，积极迎战：持续投入巨额资金，完成了基础设施建设，将身体磨炼得结实苗壮；不停地提升企业的信息化、科技化水平，将刀刃磨得无比锋利；不断提升员工素质，把内功练得连阿里巴巴的马云都佩服得五体投地。最终，顺丰以最全的网络、最快的速度、最优的服务，成为消费者心目中"最值得信赖和尊重"的速运公司。

这就是外界熟知的"顺丰速度"。企业站着不动不是求稳，而是倒退。现在，很多企业讲究"边开枪，边瞄准"，说的就是一种快速思维。在移动互联网时代，反应迟钝必然会葬送企业。

小米科技创始人雷军有一句名言："站在台风口，肥猪都能飞起来！"台风来时，你要抓住机会迅速飞起来；台风减弱时，你要抓住机会平稳着陆。风来了你不飞，必然落后；风停了你还要飞，必然会摔死。

对于那些已经确定了优势的企业，比如快递行业的顺丰，同样也来不得丝毫疏忽大意。企业确立优势的时间有多快，失去优势的时间就有多快。现代企业之间拼的是什么？是应对变化的速度。

雷军曾经说过："我坚信天下武功唯快不破。有时候，快就是一种力量。你快了以后能掩盖很多问题，企业在快速发展的时候，风险往往是最小的。你的速度慢下来，所有的问题就都暴露出来了。所以，怎么在确保安全的情况下提速，是所有互联网企业最关键的问题。"

毫无疑问，市场竞争已经从大鱼吃小鱼变成了快鱼吃慢鱼，而速度会直接转换为市场份额、利润率和经验。传统互联网时代，顾客还可以多花点时间见证企业和产品的魅力，但发展到 Web 3.0 时代，企业产品更新换代明显加快，如果企业的产品两三个月还没有得到人们的认可，那它很可能会死掉。

3 20年磨一剑，创业要敢于对纷乱的"机会"说"NO"

企业做大做强的关键就是要有一个点，自己能够把这个点做深做透，做到人无我有，做出特色，做出品牌。当然，这种专注不是那种不撞南墙不回头的呆板，而是能在前进道路中发现并抓住对自己长久发展有益的机会和路径，集中优势资源，敏锐地感觉到市场脉动，把握成功的契机。这理应成为企业发展的最高战略。很多时候，企业不是败于没有机会，而是败于机会太多——在众多选择中迷失自己，直至铸成大错。

就像马云所讲："看见10只兔子，你到底抓哪一只？有些人一会儿抓这只兔子，一会儿抓那只兔子，最后可能一只也抓不住。CEO 的主要任务不是寻找机会，而是对机会说 NO！机会太多，只能抓一个。"

2007 年，国际快递企业开始大力整合资源，快步进入大物流时代。UPS 等国际快递巨头，都加快了在中国的快递网络建设。

狼来了！所有主营快递或者物流的企业，大多朝大物流方向挺进，试图以做大自己对抗"国际狼"。但仍有极少数企业拒绝迈入大物流时代，顺丰就是"极少数企业"之一。在王卫的带领下，顺丰不仅拒绝了国际快递巨头的并购，也始终未走向大物流这一大众经营趋向。

那些没有能力做大的企业大多选择了并购，当时商界掀起了一股"卖猪热"。将企业的"猪仔"养肥，然后以一个好价钱卖给别人（主要是外资）。2005 年，李志达卖掉了"小护士"；2006 年，苏增福父子卖掉了苏泊尔；2011 年 6 月，国内著名小家电企业奔腾电器卖给了飞利浦；2011 年 7 月，国内著名餐饮企业小肥羊卖给了百胜集团……

不少几乎与顺丰同时创立的企业，当时都卖出了一个好价钱，用博鳌亚洲论坛秘书长龙永图的话说："猪卖得出去，对一个企业家来讲是件很光荣的事情。"早在 2004 年，联邦快递就找到王卫，试图以 40 亿 ~50 亿元人民币的价格收购顺丰。

那一年，顺丰的销售额是多少呢？ 13 亿元人民币。用年销售额的 4 倍收购顺丰，怎么看这都算是天价！

创业者的一个重要任务，是对各种机会说"No"。这些机会一个个看起来都很丰满，让一般人难以抗拒诱惑。顺丰一路走来，从来不缺乏各种各样的机会。王卫不仅拒绝了联邦快递的收购，甚至连外界的投资也一律拒绝。

一位咨询公司的董事长透露说，包括花旗银行在内的很多美国投资商都曾经找到他，希望他能够撮合注资顺丰，一旦成交，将付给他1000万美元的佣金。

显然，这位咨询公司的董事长与1000万美元的佣金无缘。王卫始终认为，任何外来注资都会影响到顺丰的高层决策，进而影响到他做决策时的独立性，这样一来，顺丰就会变得面目全非。基于此，他甚至对上市都说"NO"。

王卫是个能够经得住诱惑、耐得住寂寞的人，他选择了"一条道走到黑"。顺丰甚至在摩托罗拉发展正盛的时候拒绝了它的大单，类似的拒绝曾经在顺丰出现过无数次。

飞速前进的企业也要张弛有度，这样才能持续前行。负载太大，速度过快，这样的企业是不可持续的。若技术跟不上发展的速度，人才培养跟不上企业需求，久而久之，会严重阻碍企业发展，甚至拖垮企业。

以快递业来说，过多的货件加大了员工的负担，并且会影响运件速度。派件员的超负荷工作，也会导致服务质量难以保证。如此一来，势必会影响公司在客户心目中的形象，继而客户选择用脚投票。

王卫身上有通用公司传奇CEO杰克·韦尔奇的影子。毫无疑问，杰克·韦尔奇是个伟大的商业奇才。有人评价说，杰克·韦尔奇在通用当总裁期间，最大的成就是收购了上百家有潜力的公司。可韦尔奇说："不，我对公司最大的贡献是拒绝了至少一千个看上去很值得投资的机会。"真是英雄所见略同。

商史千年，淹没无数企业。在优胜劣汰的自然法则之下，留下的百年企业少之又少。这些百年企业之所以能够获得成功，其中一个重要的原因，就是它们能够穷尽一切资源，专注于做好一件事！

俗话说"无利不起早"。商业的本质就是逐利，所谓的文化、精神、社会责任、企业贡献等，无不附着在利益上。至于企业如何盈利，大有门道。有些企业经营者偏好开疆拓土，铁蹄无处不在——哪里有利润，就奔向哪儿，什么钱好赚就做什么，什么来钱快就做什么。为了利益，他们可谓无所不用其极，但最终没有留下任何一块根据地。

通常来讲，企业发展到一定阶段，知道不能做什么往往比知道能做什么更重要。

作为企业家，如果没有心系一处，只练一门功夫的"执拗"，如果没有抵制诱惑的能力，那么浮华盛世也可能变成纸醉金迷的生死场。

4　物流速运：顺丰在惨烈竞争中笑傲江湖

随着"网购"的快速发展，快递业也得到了迅猛发展，上下班的路上经常会看到一辆辆喷涂着各个快递公司 LOGO 的车辆在公路上奔驰，其实在大家看不见的天空中，一架架飞机也搭载着快递物品在城市之间穿梭着。随之而来的是，物流速运行业呈现出前所未有的白热化竞争场面，而最终谁又能够独占鳌头，胜负还未见分晓。

目前中国各家电商的物流基础设施抢滩竞争已经全面展开，每一个不甘人后的企业都在积极地筹建仓库和配送网络，并且开始靠送货的优质服务招揽客户。与此同时，构建物流网络已经势在必行。然而要想在全国范围内构筑起四通八达的物流网络，投资成本之大可想而知。由此可知，电商物流的优胜劣汰之战恐怕会相当残酷，要想在这样一个群雄逐鹿中原的战况下独占鳌头，绝对不是一件随便想想就能做到的事情。

就目前的形势来看，顺丰称霸的资本相对比较充足，但是在它的对手看来，时间在前进，谁能笑到最后还不一定。

阿里巴巴集团作为中国最大的电商企业，一直以来都以王者自居，而这一次面对新一轮的疆域划分，阿里巴巴自然不甘人后。2013年1月，阿里巴巴宣布与大型物流公司顺丰速运和投资公司复兴集团合作完善物流网络。马云此次发力绝对不容小觑，目的是24小时之内配送到全国大小城乡。

此外，苏宁电器在这场竞争中也占据不小的地位。在中国，苏宁拥有1700个家电卖场，从2009年开始，苏宁开始建立自营网店"苏宁易购"，其市场份额稳居全国电商前列。在苏宁高层看来，"苏宁易购"一定要以强大的物流为根据，才能在激烈的市场竞争中继续壮大自己。

另外，电商巨头"京东商城"和号称是"网络超市"的"1号店"也并没有闲着，它们成功借鉴了美国亚马逊自营物流的商业模式，并在此后进行了各自的创新，这也使得它们最终在激烈的电商竞争中一跃而上，积攒了强大的参战实力。目前，为了更好地应对市场竞争，两家商城又开始紧锣密鼓地筹措发展资金。1号店已于2012年吸纳了美国零售巨头沃尔玛超过51%的注资。京东商城早在2013年2月争取到了加拿大和沙特投资家共计6.5亿美元的投资。而腰包鼓起来之后，资金问题已经不再是问题，随后它们必将积极地投入成本增强物流和 IT 实力，从而全面展开与顺丰及阿里巴巴的竞争。

物流竞争之所以会日趋白热化，很大程度上是受到了电商企业危机感的影响。中国网购市场正在迅速膨胀，网购货物配送量在成倍增加。电商在不断崛起的同时，中国相对滞后的物流网络已经成为制约中国电商发展的最大障碍，所以，电商为了掌控自己的发展命脉，跨界参与到物流竞争中，实属自我发展的需要。

实际上，货物量激增对于电商与物流业来说是发展的机遇，但也频频挑战着物流产业的处理能力，在货物量的压力下，订单商品无法及时送达的情况屡见不鲜，这已经成为各大电商企业相互竞争的关键，无疑自建物流网络是最好的选择。但是建立起一条完善的物流系统并不容易，在广阔的中国土地上构建庞大的物流网投资风险极高，并且对电商来说，如何吸引和维护客户也是一门不可不研究的学问。在今后中国的电商竞争中，仅靠物美价廉的商品似乎已经不能完全取胜，电商忙着自建物流，而电商业务上的竞争并不乐观。

市场就是这样，竞争无时无刻不在，今天是物流竞争，明天也许就是价格、服务的竞争。尽管顺丰在物流竞争上独占鳌头，但在最新跨界的电商行业市场上，顺丰所面临的考验不容乐观。

一面是电商纷纷自建物流，一面是物流企业抓紧时间挤入电商市场，在这样一个混乱的战场上，还有一个不速之客不容忽视，那就是铁路部门。显然，没有人想要错过这个商机，谁都有意在这块"大蛋糕"上分一杯羹。

以前的铁路货运只有凑齐 60 吨，装下一个整车才能发货，而这个数字对于那些中小货主来说无疑是一个很难跨越的门槛。现在昔日的"铁老大"终于放下身段，用客运理念组织货运，开启了新铁路快速物流时代，如此一来，一般民众都能够通过铁路寄快递了。当然，巨大的改变就代表着巨大的商机，以快递为本的顺丰更不愿意放过这次机遇。

无论是 2014 年 5 月铁路开通电商专列，还是顺丰速运包下整条京沪电商专列，或者 2014 年 9 月广州铁路局开通南方铁路专列，从这些事件上都可以看到，在铁路部门积极抢占先机的同时，顺丰也成功搭上了铁路货运的新班列，打开了一条全新的物流途径。

在物流竞争日趋激烈的现在，各种运输方式之间的竞争无非都围绕着速度、成本、服务等方面展开。这场竞争可以称得上是一场良性的市场竞争，因为在竞争中最得益的是广大的消费者群体。竞争在促进快递业发展的同时，也更加方便了人们的生活。

在这场惠及于民的物流竞争中，不管最终出现三国鼎立的局面，还是有一方得以雄霸天下，用户都很期望它们能够提供更好的服务。

第六章

顺丰运营大布局："顶层
设计＋三流合一"

对于体系内部，顺丰正在谋求打通线上线下业务，通过物流、金融跟商流的"三流合一"，为客户提供一个完整的服务体系。

——王卫

1　互联网商业帝国版图，三分天下已成定局

2013 年顺丰全年的营业收入达到了 280 亿元人民币，派送的快件数量大约 11 亿件，虽然顺丰的营业收入在整个国内快递行业已经位居榜首，但是顺丰的派件数量在全国市场中只占了很小的比例，而且流通数量远低于申通和圆通。那么顺丰在未来应该怎样实现飞速发展？这是王卫以及他的战略团队，在 2014 年年初就开始考虑的重要问题。

2014 年 3 月底，王卫曾经与小米创始人雷军进行了一次秘密会晤。随后在 4 月 6 日小米"米粉节"上，小米卖出了 130 万部手机，其中由顺丰投递的订单占 60%。可以说二者的合作，使雷军的产品供应链得到了完善。

有人说，王卫与雷军进行秘密会晤，可能有什么新的经营战略要产生。毕竟各企业都学习小米的互联网思维。顺丰可能以每年 11 亿件的快件量为基础，运用互联网思维，在快递行业开拓新的市场。

如果顺丰速运将物流速递变得普通化，并结合自身所拥有的 11 亿包裹服务的人群开展大数据分析，然后通过"APP+ 微信 +20 多万快递员"进行精准营销，那么整个顺丰速运的商业布局就出现了。

王卫可以说是现代商业帝国中最神秘也最值得尊重的企业家。他用自己的双手缔造了专属于自己的商业神话。20 多年前，他还是一个扛包裹送快递的普通快递员，每天工作 14 个小时。今天，他已经将顺丰的布局延伸到了多个领域。

2012 年 CCTV 经济年度人物颁奖盛典上，万达集团董事长王健林曾透露，他与马云有一赌："到 2020 年，如果电商在中国零售市场——整个大零售市场的份额占 50%，我给他 1 个亿，如果没到，他给我 1 个亿。"

马云坚信，电商虽不可能完全取代传统零售行业业务，但也必将对其造成剧烈冲击。仅一年之隔，传统零售领域最难被电商取代的生鲜食品难题，就被顺丰速运轻松攻克了。那么，未来传统零售行业会不会被电商取代？是否除了制造业和消费者两个终端，中间只存在电商和物流？

在电商大行其道的当下，顺丰速运凭借运送速度、先进的冷链物流、顺丰优选搭建的平台等明显优势，表现出了强大的竞争力。把握创新

"天时"，做产业升级中的唯一受益者。

　　就因为选择了具有高潜力和高价值的"小众市场"，并对公司的资源和能力进行了重组，顺丰快递从成立之初时默默无闻的速运公司，一跃成为当今整个快递行业游戏规则的制定者。

　　据说，如果3个月不思考如何进行创新，王卫就会失眠。随着互联网行业的飞速发展，如果当今的物流企业还在依赖传统的物流服务盈利，那么将来就可能面临被淘汰的命运。或许将来有一天，快递都不收费了，物流企业通过开辟新的经营渠道盈利。今天看来这一点都不现实，但相信在不久的将来，这一思路就有可能会实现，并有可能会成为主流。到了那一天，顺丰的商业运作模式还有可能改变，由快递行业延伸出来的新产业为顺丰创造价值。

2 与易迅合作，打造电商物流的风口

早在 2013 年 11 月，顺丰速运就与腾讯旗下购物网站易迅网达成全面战略合作。在易迅网自建物流不能达到而顺丰速运可以覆盖的区域，所有的订单配送都交由顺丰速运完成。

启用顺丰速运作为自己的第三方配送物流，使得支持易迅网货到付款的城市从此前的 15 个省级区域的不到 100 个地级市，突然扩充到了几乎全国所有省、市、自治区的 300 多个地级市。而且，交由顺丰配送的订单有 80%~90%可以实现次日达，配送距离在 1000 公里以上的地区则可以实现隔日达。

不仅如此，根据双方的合作协议，易迅与顺丰速运已经完成了系统

的深度对接。凡是由顺丰配送的货物，易迅网的订单上会自动备注“易迅订单，优先配送”等类似信息，要求快递员优先配送易迅订单。

顺丰还为易迅提供诸如上门取件、以旧换新、部分签收等服务，并在顺丰仓所在地的城市以及当地仓所辐射的部分城市提供“一日两送”服务。另外，随着易迅联营平台开始从华东区域试点进口食品、生鲜，双方的合作还延伸到了生鲜等需要冷链物流的品类方面。

近两年的电商和物流领域都颇不平静。随着自身规模的不断壮大，为了满足发展的需求，电商企业做物流和物流公司做电商，都已不是稀奇之事。

在国内民营快递行业稳坐第一把交椅的顺丰速运，也一直在觊觎电商市场。虽然生鲜购物平台“顺丰优选”的运营并非一帆风顺，但顺丰仍在摸索中坚持。毕竟，电商是国内快递增长的主要贡献源，顺丰不能错过电商市场。

为了表明姿态，顺丰对易迅敞开了怀抱。对顺丰而言，与易迅网的合作，是一举两得的。一方面，为易迅提供配送服务可以扩展其快递业务；另一方面，可以在合作过程中，对电商有更深入的了解和认识，为未来更好自营电商做铺垫。

易迅需要强物流，而顺丰需要大电商客户。所以，二者的合作是优势互补。大约在 2013 年 7 月，顺丰和易迅双方已经就合作事项开始了接触，希望将此项目打造成 B2C 与第三方物流企业合作的标杆。

根据易迅官网提供的数据，从 2013 年 7 月到 2013 年 10 月，顺丰速运配送了易迅华南仓约 20 万元人民币的订单，成功率为 99.29%，且未出现任何客户投诉。成功的合作让双方信心大增，于是开始了全国性合作的筹划。在随后的 2013 年“双十一”期间，双方对接成立了跨公司的项目团队，完成了两个公司系统的深度对接。

虽然顺丰速运的声名在业界一直颇高，但2012年之前，其客户主要是中小企业和商业客户。在电商刚开始发展的几年，王卫曾在谈及电商派件时说："顺丰现在做电商物流是个死；顺丰现在不做电商物流，将来可能是个死。"所以，顺丰速运管理层在表面的固守和坚持，内心并非波澜不惊。

之前几年，顺丰速运之所以不愿意做电商，主要原因在于客单价太低。顺丰速运内部曾做过统计，电商网站选择空运的条件是：商品客单价超过500元、总重量在5千克以下。不过，随着电商的发展和消费者需求的增加，情况也发生了改变。尤其是京东、易迅、唯品会、天猫等B2C平台，高端商品品类逐渐增多，许多订单的客单价已经达到了300元以上。

从2013年起，顺丰开始调整策略向电商方面转移。2013年"双十一"促销活动中，顺丰一改低调作风，也加入了战局，对月发件量在2000票以上的电商类月结客户，推出"电商特惠"产品。此产品的收费标准相当于顺丰标准价的6~7折，基本与"四通一达"的价格持平。

即便如此，顺丰也未能够顺势逆转之前与电商合作冷淡的尴尬局面。根据2013年"双十一"当天的快递数据，天猫当日共产生了快递包裹1.52亿件，其中，申通1210万件、圆通1110万件、韵达1027万件、EMS 407万件，顺丰只有316万件。

虽然，与其他国内快递公司相比，顺丰速运的价格容易让电商望而却步，但顺丰的立场非常坚定，明确表示不会降低身段参与到电商的价格竞争，而是要了解和满足合作伙伴的需求。

对于顺丰来说，需要找寻一些"弯道超车"的手段。而顺丰所提供的服务与易迅自建物流所追求的高效、快速的物流需要不谋而合。所以，也就成就了"互补短板"的合作。

快递虽不直接属于电子商务企业的产品，但其对电子商务企业的重要性不言而喻。

2013 年 5 月，刚刚卸任阿里巴巴 CEO 职位不久的马云，提出了打造物流开放平台——"菜鸟"网络平台的计划。与此同时，以京东商城、苏宁易购、易迅网为代表的电商自建物流正面临着诸多挑战。

针对电商企业究竟应该采用自建物流还是与第三方物流配送合作这一问题，业界一直争论不断。而易迅网所采取的策略，将自建物流与第三方物流配送相结合，弥补了自建物流的不足，破解困扰电商行业的物流"魔咒"。

2011 年，腾讯开始控股易迅，2012 年 5 月，易迅已为腾讯全资持有。易迅之所以引起腾讯的兴趣，仓储配送体系自然功不可没。2011 年时，易迅在仓储方面已经走在了行业的前端，在上海、深圳、北京三地都建有仓储物流中心，并且在 10 个城市自建了配送队伍。而当时京东的自建物流还没被提上日程。

背靠腾讯这棵大树，易迅的发展似乎显得更有信心。在 2013 年的战略发布会上，易迅称，年内将在全国新开设 10 个核心仓，其中计划占地 23 万平方米的上清青浦仓将承担易迅全国物流运营中心的重要角色。

相对国内其他电商企业，易迅的自建物流不仅发展早，网络也更为庞大。在行业内率先推出了极有魄力的"一日三送，晚间送货""闪电送"等配送服务。但是，在自建物流完美的服务背后，也潜藏着巨大的危机。

电商自建物流，也许是未来电商行业发展的一种趋势。但自建仓储物流看起来容易，实施起来难度很大。在电商运营之外，自建物流体系充满了风险和不确定性，即使是京东这样的电商巨头，也必须要考虑这个问题。

毕竟物流体系是一项巨大的系统工程，人力、设备、转运中心等大量固定资产投入必不可少，不仅前期投入较大，而且资金很难控制。电商业务量不足，会直接导致自建的物流中心不能正常运转。此外，选择自建物流的城市，必然要将未来的发展潜力和城市的区位因素考虑在内。从实践方面看，自建物流提供的快速配送和优质服务会带动该地区订单量的增长，但也使得配送范围有限。从目前国内的快递企业来看，快递公司不仅更具有配送经验，而且服务网络已经基本覆盖了全国。

易迅与顺丰合作，短期内运营成本肯定会大幅提升，但从长远看，双方的合作一方面可以为易迅节省时间和成本，另一方面也能提高产品的服务质量。所以，综合成本降低了。

其实，在易迅之前，已经有电商向顺丰提出过合作意向。但由于顺丰明显高于其他快递企业的收费，所以与顺丰合作的基本为奢侈品等客单价非常高的电商。此外京东也与顺丰就合作问题接洽过，但由于价格问题未达成一致，所以合作未成，京东开始斥巨资自建物流体系。

正在顺丰需要寻找"弯道超车"的途径之时，顺丰也遇到了一个具有同样需求的伙伴——易迅。自2012年开始，易迅为了能够实现"弯道超车"，进行了多种尝试，例如移动电商、微信购物、家电C2B定制等。

京东用了几年时间布局物流，目的是能够抢占先机，提前占领市场。易迅要想大范围地将配送体验与京东保持一致或更优，所需耗费的巨大的时间和财力都将是其难以承担的。

基于以上种种考虑，易迅选择了顺丰作为合作对象。与此同时，易迅并没有放弃自建物流，希望通过以“自建物流＋顺丰配送”的方式保证服务质量。

易迅与顺丰两家公司的系统进行了深度对接。顺丰的操作信息能够反馈到易迅的系统中，并实现自动结算。同时，顺丰在易迅全国所有仓库协助易迅包装部分产品，不通过易迅分拨与易迅仓对接，就能实现仓配一体化操作。

双方的合作验证了“专业的人做专业的事情”。易迅在自建物流团队上保持现有规模并进行小幅强化就足够了，“电商”才是易迅的专业和强项，也是易迅需要专注的事业。

顺丰与易迅的合作，又一次把两个公司推到了风口浪尖之上。无论对顺丰还是易迅，此次合作都是优势互补、短板弥合之策。

早期，国内的几大 B2C 电商限于自身发展所处的阶段，采用的都是物流外包的方式。后来，随着规模的不断扩大，外包物流已经难以满足各大电商的需求，而且由于大量资本注入，电商们便吹响了自建物流的号角。

在竞争加剧时期，几大主流电商为了进行客户体验方面的竞争，纷纷宣布免费物流。至 2011 年下半年，电商物流的竞争第一次回归理性，对免费物流设置了不同的客单价门槛。

2013 年后，电商物流的发展相对比较理性。除马云的“菜鸟”外，几乎没有其他电商大面积自建物流体系。易迅与顺丰的合作，可以算作电商的又一次回归，真正实现了社会化物流与电商自建物流的优势互补。

与前几年电商自建物流的争议较大相比，近两年，业内已经基本达成了共识，即电商需要获得长足的发展，就离不开自建物流。除自建物流之外，电商的平台化发展，更需要平台化的物流整合，通过优势互补，打造高质量的电商购物体验。在物流整合方面，合作对象的选择是重中之重。

以此次易迅与顺丰的强强联合为例：

借顺丰的物流优势弥补了自建物流的短板，易迅轻松实现了易迅全网快速物流服务的需求，为易迅下一步全品类扩张，以及与竞争对手进一步拉开差距打下了坚实的基础。

顺丰方面，2013 年是顺丰电商业务线快速孵化的一年。顺丰的一系列举动都具有战略价值，如：快速从传统商务件向电商转型，找对合适的合作伙伴，实现平台化对接。与易迅合作后，顺丰能够直接入驻易迅全国的 16 个分仓驻场进行操作，这对其业务发展具有重要意义。从 2013 年 7 月到 10 月顺丰配送易迅华南仓订单数据来看，这些大客户资源都是其他快递企业可望而不可即的。

Amazon Zappos 是一家美国卖鞋的 B2C 网站，成立于 1999 年，现在已成长为最大的网上卖鞋网站，超过了 Amazon。2009 年 11 月，Amazon 收购了 Zappos，标价 12 亿美元。易迅与顺丰的合作模式，与美国 Amazon Zappos 电商平台同 UPS 的合作类似。

在 Amazon Zappos 同 UPS 的合作方案中：UPS 可以根据历史的物流数据帮助 Zappos 预测订单；将运输费用计入营销费用，忠实顾客可享受四年免费退货服务，体现了物流对于电商品牌的营销功能；在高峰期，UPS 到 Zappos 的取件频率可达到每小时一次，这种对接称得上是无缝对接。

参照此合作方案，易迅与顺丰的战略合作，还具备更深的商业价值，而这也许正是未来大型 B2C 与第三方物流合作学习的范本。

移动互联的汹汹来势已经难以抵挡，未来，不管是电商的交易还是线下的物流服务，都会因移动互联而改变。

借助腾讯母公司的优势，易迅于 2013 年成功打通了微信支付和微信购物渠道，并成功推出了可视化物流服务，当快递在 1.5 千米内时可以自动提醒顾客，真正通过移动互联变革物流服务体验。

2013 年 8 月，顺丰推出了移动互联的创新产品"顺丰 APP"。通过"顺丰 APP"，用户不仅可以轻松查找附近顺丰快递员的手机号码，浏览投递员照片，防止遇到"假快递员"，而且可以轻松实现智能推送代收点、一键转寄、虚拟送货地址等服务。

另外，顺丰对移动互联的重视，可以从其人才招聘信息上看出。

顺丰和易迅在移动互联方面都是走在同行前列的。这不但是与竞争对手拉开距离的利器，而且为未来在移动互联领域的融合带来了很大的想象空间。

2013 年，物流企业成为了大众的关注焦点，中国电商物流的发展比较理性，并进行一系列转型尝试。未来，电商物流将进入新一轮的洗牌调整，只有具有硬实力的物流和电商企业，才能得以更长远地发展。

3　顺丰借助便利店，
解决"最后一公里"问题

顺丰速运创始人王卫曾经明确表示：希望能够将顺丰打造成中国的联邦快递。联邦快递于 2004 年花费 24 亿美元收购了金考快印公司。这是一家以一站式文件处理和商务服务闻名的公司，曾占据了美国 80% 以上的数码快印市场份额，依靠美国强大的社会物流体系打造了强大的经营网络。

联邦快递的此项收购十分明智，不需要跨界处理自己并不熟悉的业务，完全可以将拓展渠道交给"联邦金考"子公司，把原有的收发件业务整合到金考的日常工作。联邦快递此举并非个案。全球知名的邮递和物流集团 DHL（中外运敦豪）——全球著名的邮递和物流集团 Deutsche

Post DHL（德国邮政敦豪）旗下公司，以及世界上最大的快递承运商与包裹递送公司 UPS 都曾经通过对大型连锁店的收购建立了"快递 + 便利店"的模式。

但是，中国与发达国家在物流以及电商的发展等方面存在差异和差距。美国物流行业的建立和发展在电子商务之前，与物流产业相匹配的基础设施和相关法律法规已经非常完善，后来电商产业才依托成熟的物流顺势发展。所以，美国的物流业已经非常发达，成为几大寡头之间竞争的产业。中国的情况则恰恰相反，在淘宝等购物网站相继热门之后，物流业才应运爆发，既不成熟又相当被动。

由于中国的社会化物流不够强势，要想如联邦快递那样进行收购，尚完全不得其法，所以顺丰才开始设立自营便利店，希望通过这种方式走上如联邦快递那样的成功模式。不过眼下来看，顺丰仍然需要做出巨大的努力，要走的路依然很长。

相对而言，设立自营便利店还需要一个较为长期的探索过程，如果没有合适的收购对象，与现有的便利店合作也不失为一个不错的选择。

目前，顺丰速运在国内的便利店授权合作遇到了发展的瓶颈，其问题主要出现在：如果顺丰希望通过授权便利店合作的方式取得"快递 + 便利店"模式的成功，网络布局就必须达到足够的规模。但目前国内并没有一个如日本那样足够强势且分布广泛的便利店品牌。日本"快递 + 便利店"主要分布在一线城市，二三线城市多为本土便利店。在这种情况下，顺丰速运要想对分散的订单进行广泛连接，就只能够选择多个零散的合作伙伴。

顺丰速运与便利店授权合作的方式，要求便利店的工作人员参与到顺丰"最后一公里"的派送中。但与不同便利店的授权合作使合作过程变得更为复杂，此外不同便利店的经营方式和服务质量也不尽相同。所以提高便利店相关派送人员的工作积极性，统一服务质量，提高用户体验就会变得极为困难。

不管对接便利店的具体运作方式怎样，承接派送业务肯定需要占用一定的人力、物力，"羊毛出在羊身上"，这部分人力、物力必然会压缩顺丰公司的利润空间。

虽然顺丰设立自营便利店的进展并非十分顺利，效果也并不特别理想，但表现出了一些明显的优势。虽然顺丰速运的综合实力占绝对优势，但相对其服务质量而言，其网点规模仍显不足。

这些都说明顺丰应该更深入地挖掘经营空间，铺设更广泛的末端配送网络，使自己更接地气、更贴近消费者。此外与终端客户的贴近也更有利于统一服务质量、提高服务水平、增加客户好感度，有利于培养更多忠实客户。

不仅如此，扩展配送范围更是增加订单量的直接手段。由于顺丰一直将自己的业务范围定位为中高端客户群体，在顺丰的所有业务中，很大一部分是以文件递送为主的业务，所以在目前电商形势一片火热的情况下，顺丰的订单仍不及以"四通一达"为代表的其他快递公司多。

顺丰速运与腾讯旗下易迅网达成全面战略合作后，在易迅网自建物流不能达到而顺丰可以覆盖的区域，顺丰将负责所有订单配送。由此，易迅网也成为国内第一家全面启用顺丰作为第三方配送的电子商务企业。

顺丰与易迅的合作是顺丰业务领域的一个新起点，顺丰可以通过开发便利店网络与同电商合作相结合的方式深入挖掘更多的终端用户。这部分终端客户不仅包括普通消费者，也包括为数不少的、隐藏于社区内的中小型淘宝卖家。

4　顺丰借助便利店，解决"时间窗口"问题

目前，对大部分快递企业而言，包裹途中运送的时间已经缩短。以"四通一达"为例，做到距离较近的省份间实现隔天到达，距离较远的省份间隔两天到达，均已经完全没有问题。但大量的包裹被卡在了最后一个环节，快递到了迟迟无人配送。

很多领域都有"时间窗口"的概念，快递配送领域的"时间窗口"可以通俗地解释为：消费者预约了某个特定的取货时间，快递员就必须在这个时间段内将货物送达，这个特定的时间段就是"时间窗口"。几年前"时间窗口"往往指某几天或某一天，现在已经成为某几个小时。随着对快递行业的要求越来越高，客户所提出的"时间窗口"也必然会变

得更为精确。

既然如此，快递行业就不得不通过多种途径解决"时间窗口"问题。这其中所涉及的细节非常多，而且像顺丰速运这样明确提出"收一派二"要求的公司，"时间窗口"的妥善解决并不容易。目前，国内的居民小区中，能够由物业代收快递的并不多，指定派送时间的客户不少，而且大部分客户由于工作时间固定，所以不同的"时间窗口"之间极易重叠，快递员必须能够统筹规划，设计好派送线路，尽量用最少的时间完成最多的派送任务。

因此自营便利店的设立就成为了一个不错的思路，能够解决一系列问题。由于距离客户近，客户取件方便，还可以顺便购买日用品，所以快递员只需提早将包裹统一放在便利店，然后由客户在合适的时候来取件即可。对顺丰而言，此举可以减少无效和重复配送，节约成本、人力和物力；客户无须特意留出时间等待收件，取件变得更为灵活。

目前，很多快递企业并没有如顺丰速运一般具有如此远见，原因是形势还不够严峻。与其他国家强大的物流配送相比，国内的快递业务"最后一公里"一直存在一种便利，那就是社区物业和单位传达室的，帮助客户代收了大量快递。在瑞典，快递一般被放置在最近的邮政存储点；在日本则多是由附近的连锁便利店代为寄送和收取。

随着电商平台的火热，网络购物的人越来越多。一个普通小区的物业一天代收的快递就有几百件，这些快递都需要进行分类管理，无形中给物业增加了巨大的工作量。因为物业本没有代收快递的义务，很多小区物业已经开始拒收快递或提供有偿服务，对快递公司而言，原有的便利便被冲淡了。擅长零售的便利店，了解消费者所需的服务模式，占据了为消费者提供服务最适宜的地理位置，如果快递公司借助便利店的资源，就能在一定的密度下获得最大的业务覆盖面积。以武汉为例，相对占据规模优势和位置优势的两家便利店为中百超市和好邦便利店。其中，中百超市在武汉有 600 多家门店，80% 以上分布在社区；好邦便利店隶属中百旗下，不仅数目具有明显优势，而且 24 小时营业。2013 年 12 月，武汉中百超市和好邦便利店与顺丰签订协议，可以收发顺丰快递，至 12 月中旬该服务将拓展至黄石、荆州、孝感等地区，覆盖省内约 700 家门店。不仅如此，顺丰速运之前在北京、深圳等地设立的自营便利店，也加强了与其他便利店的合作。

顺丰速运与其他便利店的授权合作，是否是为了吸取经验，以更好地经营自营便利店？顺丰速运所选择的便利店布局，是否与其电商平台顺丰优选有关？这些都需要在顺丰以后的发展过程中一探究竟。

5   "嘿店"让金融服务落地

2011 年，顺丰曾与世界最大的便利店集团结成战略联盟，作为战略结盟的成果，北京通州顺丰自营便利店横空出世。同时，深圳、东莞、厦门等地的 7-11 便利店门外挂出了顺丰速递"授权代办点"的标志。

以通州顺丰自营便利店为例，运营不到 2 个月，不少客户就沮丧地发现，顺丰便利店不再销售日用品，仅提供快递上门自取等与快递业务相关的服务。之前顺丰喊出"购物满 10 元便可享受送货上门服务"的口号，但没过多久这家快递巨头开的便利店就撤销了零售业务，继续专注于深耕快递领域。于是，这些悄悄出现在北京社区的顺丰便利店又悄无声息地转变成了普通的快递网点。

事后，王卫并没有针对此事做出正面回应，但他承认了这样一个事实：顺丰确实关闭了北京通州店的零售业务，但并不妨碍快递业务的正常运行。不过，通州自营便利店的失败只是个案，当时东莞、深圳、厦门等地并没有爆出顺丰关闭便利店的消息。

业内人士评论，顺丰通州区自营便利店失败，大部分原因是选址不当。顺丰便利店所在的街道有近10家便利店或超市，竞争异常激烈，再加上顺丰自营便利店面积很小，价格相较超市并不便宜，顾客的光顾率自然较低。即使有顾客光顾，也大多是为寄快件或者取快件，很难带动便利店的零售生意。

面对通州自营便利店的失利，王卫果断地选择了退阵，将零售业务退出自营便利店。平心而论，快递企业新的渠道模式，还需要逐步培养消费者的习惯，同时对合作的零售企业也有较高的要求。不过，这次退阵也让王卫清醒地意识到，将快递和零售进行捆绑的方法并不适用于所有地区。

此次壮士断腕，让王卫有了更多的思考空间，将自营便利店与顺丰的O2O大战略结合，实现O2O落地。也正因如此，才有了王卫大手笔的行动：2014年5月18日，顺丰旗下518家网购服务社区店——"嘿店"在全国统一开业。

2014年5月，在酝酿了相当长一段时间之后，顺丰速运隆重推出了网购服务社区店"嘿店"，在其所提供的服务中，除了快递物流业务、虚拟购物、预售、线下试穿外，"嘿店"还提供ATM服务。也许顺丰速运此番举措的目的正是让金融服务落地。

由于线下社区金融服务的需求十分巨大，将金融保险服务事业部和门店进行合作，发挥金融服务的功能，是顺丰速运发展的必然道路。就目前的情况来看，"嘿店"能够提供的渠道属于前端，服务的后端还需由顺丰速运在内部不断完善。虽然当前顺丰的金融业务规模仍然较小，而且不成熟，但随着顺丰金融业务的不断成长壮大，未来必然能够与阿里和京东等电商巨头一较高下。

阿里巴巴方面，虽然马云多次强调：阿里巴巴集团永远不做快递，菜鸟网络的"智能骨干网"建起来后，不会抢快递公司的生意，但阿里淘宝的快递业务占据绝对的份额，阿里完全可以通过"四通一达"垄断快递下游产业，提升快递效率，将快递业拉入其生态链。2014年6月，阿里与中国邮政达成战略合作，中国邮政将向阿里系物流信息平台"菜鸟网络"开放全国十几万个服务网点，共同提供社区化自提等服务。这样看来，不排除阿里淘宝发力金融交易和金融服务业务的可能。

京东方面，自建物流已经表现出了非常核心的竞争力，而且在金融领域有所布局。

从各自的综合布局来看，顺丰速运的业务已经涉及了多个领域。所以，与阿里巴巴、京东之间存在竞争将难以避免。但究竟是合作更多还是竞争更多，还有待进一步的检验。

目前，顺丰速运所接触的金融业务，与传统意义上的互联网金融和对外的金融交易并不相同。未来，顺丰金融将走向更接近供应链端的方向发展，顺丰主要发力点将在客户货款结算和金融快递基础上的服务层面。

顺丰社区门店占地面积不大，店内也没有琳琅满目的商品展示，但是店里的商品与服务包罗万象。除了物流、购物功能外，"嘿店"还同时具备 ATM、团购、冷链物流、预售、洗衣、试衣间、家电维修等多项业务，不仅如此，社区门店在以后的发展中，还将会进一步完善，最终逐步完善成为社区网购便民生活平台。

也许顺丰所规划的，首先是逐步把传统商业客户的支付、金融服务"俘获"，然后再将顺丰旗下的速递业务、代收货款业务等，全部整合到自己的第三方支付等金融运营中。到时顺丰速运的商业版图将大为扩展。最后，当旗下的顺丰快递、顺丰优选、顺丰"嘿店"、顺丰金融等业务能够真正融合的时候，就是顺丰爆发威力的时候。布局时为自己多找小麻烦，盈利后做对手的大麻烦。任何一家大型的企业都没有表面上看起来那么简单，顺丰速运也不例外，何况顺丰掌门王卫又是一个非常低调的人。因此外界人都很难看透顺丰的经营战略。

6 实施落地配战略：将触角纵深到三、四线市场

随着网络购物的兴起和大型百货、连锁商店等现代流通方式的发展，人们购买商品或服务时所需要的成本和时间大大降低。在这样的情况下，商品进行流通时所需要的时间和成本，主要取决于物流配送服务体系效率的高低。

由于连锁商店、大型批发市场和百货商场等商贸流通企业的集聚，带动了城市配送商品流通，而城市配送物流，主要负责短距离配送，直接面对消费者，与一般的配送物流有所不同。这种配送即通常所说的"落地配"。从字面上理解很容易，是指货物到达目标城市落地后，由到达城市的物流公司实施配送操作，也就是只完成最后一个配送的物流程序。

2014 年 6 月至 8 月，顺丰在短短的时间内陆续并购北京小红帽、深圳银捷速递等全国各地优质的落地配企业。

正是因为落地配与物流和快递相比，具有鲜明特征和竞争亮点，所以成为了区别于快递与物流的新模式、新"物种"。

由于电子商务企业根据自身的成本和服务要求考虑，没有屈从于传统物流与快递的模式，而是将其进行分解、选择和组合，选择了自己必须控制的环节，由其他企业负责干线运输和"最后一公里"配送，使落地配在一定的空间内得到了充分发展。另一方面，落地配在满足了电子商务对成本、服务和客户体验等方面需求的同时，也在不知不觉中影响了物流与快递。

落地配，主要是指专注于面向客户的配送，这里的"客户"既包括一般的消费者，也包括连锁企业和专业市场等末端零售业。落地配企业要参与到采购、仓储、运输和配送等各个环节的操作流程和技术细节中，其中的"最后一公里"是最重要的部分，直接决定了配送的质量和顾客的满意度。

2013 年国内落地配每个工作日的日均派件量为 200 万单，年派件量在 6 亿件以上，收入 50 亿元左右，代收货款 500 亿元左右，其业务量占到快递市场份额的 6.5%，甚至超过百世汇通和天天的快递业务量。电商的发展催生出了"最后一公里"的配送需求，使落地配在过去的几年中得到了比较充分的发展。2014 年，O2O 和 C2B 的模式越来越受到重视，传统的 B2C 业务便大受冲击。因此落地配急需转型。

与一般的快递企业相比，落地配更专注于同城化、为 B2C 电商服务和代收货款。但随着企业的发展，其业务范围也在不断扩张，服务区域已经由同城扩大到省内，甚至跨省经营。

另外，在落地配所提供的业务中，大约有50%的快件需要代收货款但不收取代收货款手续费。这就意味着落地配企业需要支付押金和派件前"买货"（按照派件量商品价值先行支付货款给电商，或者由银行担保）。此外，落地配企业需要增加流动资金作为"买货"的货款，因为每天不能及时派出的快件占到了20%。如上海长发物流的押金和每天担保的资金在1000万元左右。

落地配经营区域内快递业务量主要掌控在B2C电商手里，所以它们所面临的竞争并不如其他快递企业惨烈，但这并不意味着落地配没有强大的竞争对手。"四通一达"等快递企业并不愿意支付押金和"买货"资金，或者没有全部开通代收货款业务，甚至会收取代收货款手续费，因而没有进入落地配市场，这才使得落地配得以生存至今。

目前，全国有100多家落地配企业，从业人员超过4万，年营业收入在5000万元以上。在这些落地配企业中，不乏实力强者，如《解放日报》旗下的万象物流、浙江报业集团旗下的小红帽、上海的长发物流、山东的海红等。

落地配企业虽然"听从市场的召唤"而生，但目前遇到了一个发展的瓶颈，主要有以下几个方面的原因：

（1）由于需要提前支付押金和"买货"，所以在流动资金方面一直存在比较大的压力；

（2）过于依附于B2C电商，话语权弱，议价能力低；

（3）作为物流供应链的末端，落地配企业的利润必然被蚕食，要经历"任人宰割"的阶段；

（4）由于站点的设立、车辆和配送员储备、油费等各项成本不断上涨，落地配企业将处于零利润甚至亏损的尴尬境地。

所以，从中长期的发展趋势看，如果落地配企业不转型升级，其挑战必然大于机遇，发展前途堪忧。那么，落地配企业的出路在哪里呢？

一方面，落地配企业应该在个性化和增值服务方面深耕挖潜，并增强与 B2C 电商的融合，努力向技术含量更高的快递服务延伸。上海长发物流已经着手制定利用所积累的大数据介入新电商的营销方案，利用落地配联盟挖掘全国"土特产"快递市场，向同城化的冷链宅配延伸，为 B2C 电商提供上门下载 APP 服务等。

另一方面，由于落地配是物流行业的一个异类，是一张松散的网，如果有一家具有实力的全网基础物流企业能将其收编，那么在资本的驱动和有实力平台的整合下，必然能够焕发更强大的生命力。

2014 年是落地配企业发展的一个拐点，这一年，落地配企业进入了被收编的最佳时机。顺丰作为国内快递行业的领头羊，无论是资金方面还是实力方面，都具备并购落地配企业的能力。那么，并购落地配对于顺丰而言，具有怎样的价值呢？

从顺丰速运近几年的战略部署来看，顺丰一直希望能够将快递、电商、便利店等进行融合，打造一个"三流合一"的商业帝国。但旗下的顺丰"嘿店"便利店一直处于不温不火甚至亏损的状态。在这样的状态下，高价值的商品难以做出规模，低价的社区需求商品走顺丰的快速物流通路极为不合理。

整合落地配，能够为"嘿店"提供整个供应链服务。一是通过顺丰快递将高价值的商品以及应季商品，直接从基地或工厂覆盖到社区；二是丰富"嘿店"的商品品类，尤其是低价值的大众商品品类，并依托各地落地配实现仓配一体化的物流服务。

随着国内快递行业的竞争日趋白热化，各类快递业务不断被鲸吞蚕食，顺丰在区域市场的拓展方面投入了大量精力。传统的区总不仅仅要负责快递运营，同时将担任市场拓展的新任务。

但是，在目前的形势下，在正常运营之外进行拓展将面临不小的挑战。此外，顺丰速运的总部位于深圳，在其他城市进行业务拓展的难度较高。而整合并购各地优质的落地配企业，对于顺丰要真正拿下O2O时期的电商物流市场份额这一目标而言，具有重要的商业价值。

依托"顺丰优选"，顺丰的冷链系统已经比较成熟和完善。"菜鸟"陆续整合冷链物流平台，成功推动了"二段式"冷链物流配送（"二段式物流"，即干线冷链与区域落地配冷链物流相结合），这对顺丰形成了不小的冲击。

在这种形势下，顺丰整合落地配，是其冷链进入社区宅配的重要战略，对完善冷链物流网布局具有重要意义。抢先控制住末端冷链网具有绝对重要的商业价值。届时，无论阿里的"菜鸟"，还是京东的物流，都将不得不依附于顺丰冷链宅配。

落地配的B2C数据积累，对于顺丰布局O2O具有重要的大数据价值。因为顺丰所整合的优秀落地配企业，在长期的发展和运营过程中，都积累了大量的B2C数据，这些数据体现了C端用户价值。

然而，这些数据的价值经常被落地配企业忽略。而对于顺丰优选、顺丰嘿店来说，分析社区人群的消费习惯，绝对离不开这些数据，对未来大数据驱动的精准营销有难以估量的商业价值。

所以，无论从落地配企业自身的发展来看，还是从落地配企业对顺丰的价值来看，顺丰并购落地配都是一个双赢战略。虽然其背后的商业内涵还有待进一步验证，但可以肯定的是，一旦顺丰速运将各地优质的落地配企业收编，再结合自身成熟的运送网络，以及顺丰优选和顺丰嘿店的布局，掌控"最后一公里"，控制未来社区消费的格局，将是水到渠成之事。

7 "三流合一"组合拳：资金流＋信息流＋物流

2011年，顺丰总裁王卫曾经表达过自己对物流行业的看法，他认为国内的物流业正处于高速成长而又细分的关键时期。在这样一个时期，顺丰的战略是：让资金流、信息流和物流三流合一，走出一条不同于国内任何一家快递公司的新模式。

其实，作为一家快递企业，在不断成长和完善的过程中，顺丰已经具备了资金流、信息流和物流方面具备了足够的实力。如果能够整合之流，那么顺丰也将拥有完整的供应链体系，甚至有可能成为第二个沃尔玛。

目前，顺丰速运正在向两个方向快速扩张，向上是电商以及第三方支付，向下则是社区便利店。那么，顺丰在快递领域的成功经验，能否复制到这些新的领域？顺丰"三流合一"的协同效应能否达到预期的效果？

作为国内民营快递公司中最具远见的代表，顺丰速运早已将电商纳入了自己的战略规划。自2010年，顺丰不断积极拓展电商业务，推出了一系列电商网站，并接连获得了两个第三方支付牌照，这足以彰显出顺丰在电商领域的野心。

　　2010年7月，顺丰旗下电商网站"顺丰E商圈"低调投入运营，该网站主要出售商务礼品、母婴用品、茶叶、数码等商品。

　　2011年12月，"顺丰宝"正式获得央行颁发的第三方支付牌照，有效期至2016年12月21日。

　　2012年3月15日，顺丰宣布将推出高端电商平台"尊礼会"，这是一个定位于中高端商务礼品在线销售的服务平台，入驻商品涵盖了商务、办公、工艺、数码、烟酒茶、非物质文化遗产等10多个品类。

　　2012年5月31日，顺丰旗下电商网站"顺丰优选"正式上线，这是一家以提供全球优质安全美食为主的网购商城，致力为消费者提供全方位的一站式服务。

　　2014年7月，顺丰旗下的金融交易平台"顺银金融"也获得了由央行发放的银行卡收单牌照。

作风低调的顺丰速运步步逼近电商领域，其实是谋划已久的策略。早在真正行动之前，顺丰内部就已经开始研究进军电商行业的可行性。

与国内其他同行业竞争对手相比，顺丰显得颇为特立独行。由于顺丰坚持速度和质量至上，坚持尽量采用航空运送，所以其运送费用也比竞争对手高出不少，不容易受到传统电商的青睐。以 2010 年的业务为例，当年顺丰的电子商务包裹仅占其整体业务量的 8% 左右。

不过，高度依赖电商的"四通一达"的日子并非高枕无忧。由于业务上过于依附电商，这些快递公司在运送价格方面逐渐丧失了话语权，生存空间一再被压缩。

虽然电商物流业务并不好做，但在电商一片火热的形势下，如果放弃电商物流，那么顺丰在激烈的竞争中处境也会十分危险。电商物流的市场越来越大，作为行业领头羊的顺丰速运却离这个市场越来越远。2010 年，顺丰和 EMS 两家企业一天的包裹量之和还不到 400 万单。而当时仅淘宝一家电商一天的包裹量就达到了 700 万单。

所以，顺丰不可能无视电商这个巨大的市场。在过去的几年里，顺丰曾经进行过一些尝试。例如，成立专门的电子商务物流部门，但进展不尽如人意。对此，王卫认为，顺丰已有的业务适应当时公司的发展，而且顺丰中高端的业务定位与善打价格战的低端电商物流业务不相吻合。

虽然顺丰对电商物流的态度非常坚定，但一方面由于用工成本和油价不断上涨，顺丰的快递业务利润正在下降；另一方面，市场格局发生了深刻的变化。2011 年 1 月，马云宣布了阿里集团的大物流战略，表示将在第一期投资 100 亿元人民币，打造一个开放的物流平台。京东也宣称将 2010 年融到的 15 亿美元的一半投放到物流建设。

当电商巨头们纷纷开始往"下"走的时候，本就处于"下"端的快递公司也许应该为自己的生存谋出路了。

对顺丰而言，试水电商不仅能够找到新的业务增长点，而且可以培育一个强大的供应链管理体系，为其他电商客户提供服务。电商本就是快递的主要客户，如果顺丰的电商物流业务能够做好，未来大可以通过剥离业务或者合资等手段，规避同行业竞争的麻烦。

在中国快递行业的发展过程中，有一个一直困扰各快递公司的难题，那就是如何解决"最后一公里"的问题。

由于顺丰一直采用直营模式，所以其业务架构可以被分为华东、华北、华南、东南、华中五大区。每个区都有一个区部，区部再往下就是各个城市的分公司，在每个分公司之下，又有若干分部，每个分部之下，有若干点部。

为了确保一线收派员能够在 1 小时内到达所属区域内的任何地点，顺丰内部根据数学模型计算出了不同地区客户数量与商业流通频率下的服务半径。以二线城市市区为例，其服务半径一般是 7 公里，也就是说，每隔 7 公里顺丰就必须设置一个点部。一般来说，顺丰的每个点部都有收派员、仓管、组长和经理等，正是他们每天直接和客户打交道，负责收件和派件，从而保证了顺丰庞大的快递网络的良好运作。

顺丰的人工成本大约能够占到整个集团成本的40%，除员工工资外，还要支付点部的房租，置办员工的衣服、车辆等。虽然成本高昂，但除了收发快递之外，点部并没有更多功能。作为一个以快递为主营业务的企业，大量收发快递的场所是不可缺少的。如果将其改造成一个便利店，将上门收派件变成顾客自己到店中收派件，实现"一店多用"，固定的成本可以得到更多回报。

"快递＋便利店"的模式在日本、欧美等发达国家和地区早就已经十分成熟和完善了。通常的做法是：先做零售，当零售网点的布局达到一定规模后，再凭借网点开展快递业务。

在日本，由于非常重视零售行业的变化应对能力，所以便利店的快递收发功能已非常成熟，人们已经习惯于到附近的 7-11 便利店收发快递，并顺便购买一些日用品；美国与日本的情况稍有不同，国际知名快递UPS、FedEx 等虽然同样涉足零售业务，但采用的是并购模式。2001 年，UPS 并购了 Mail Boxes Etc.（后更名为 The UPS Store）旗下的数干家门店；2004 年，FedEx 收购了连锁便利店 KINKOS（后更名为 FedEx Office），被并购之后的这些门店，除了出售日用品外，都兼营快递收发等业务。

2007 年时，顺丰速运在台湾采取了类似的策略。经过几年的发展和磨合，顺丰已经与全家、莱尔富、OK 便利店的 4900 多家门店合作，开展 24 小时便利店快递取寄服务。

在台湾的尝试取得了不错的结果后，顺丰速运开始将这一模式在大陆推广：

2011 年 10 月，顺丰速运与深圳的 100 多家 7-11 便利店达成合作协议，使深圳地区的 7-11 门店兼任顺丰的"授权代办点"。

2011 年 12 月，顺丰速运与广州的 8 字连锁便利店达成合作协议。客户在这些"授权代办点"进行收、寄快递业务，可以享受一定的优惠，比如，1 千克同城快递收费 9 元，省内快递收费 11 元，分别比其标准快递便宜 3 元和 2 元。

除与其他便利店进行合作外，2014 年 5 月 18 日，顺丰集团旗下的社区便利店"嘿店"也开始在全国铺开。首批开业的顺丰"嘿店"总计 518 家，除青海、西藏以外，在全国各省市自治区均有覆盖。

由以上举措的结果来看，顺丰在大陆与便利店的合作虽然不是十分顺利，但自营便利店"嘿店"已横空出世，可见顺丰速运一直未放弃尝试与创新。

在已有业务已经处于行业领先水平的前提下，顺丰速运从未骄傲自满，而是不断提高自己的实力，积极寻找业务蓝海。最终，顺丰速运高层的目光便落到了服装行业。

服装行业作为零售行业的一个独特分类，在国内直营和经销两种方式并存。由于缺乏系统管理的能力，直营店铺的货品通常与供给经销商的货品分开管理，这就造成了存储空间和其他资源的极大浪费。

以往，对服装企业而言，除了简单的"进销存"模块外，很少有物流方面的专业信息化投入，所以难以对衣服到仓后整盘货品的状态进行监控，也无法保存以往的进销存数据，容易导致大量货品积压。迫于形势的压力，服装企业需要在各个方面加大投资，在物流，如存储场地、存储设施、搬运设备、分拣设备等方面更是如此。

看准服装行业这个具有巨大物流需求的市场后，顺丰速运迅速迎合服装业的需要开展业务，准备提供专业的服装行业供应链物流解决方案，为商家提供仓储、分拣、配送一站式的供应链物流解决方案，打造物流、信息流、资金流三流合一服务。不仅在服饰行业，顺丰速运还将陆续在3C、医药、制造业等多个行业提供物流解决方案。

此前，顺丰借助旗下电商平台"顺丰优选"，使自身的冷链物流系统得到了快速提升，这也正是顺丰为构建巨大的冷链配送市场所做的准备。顺丰进入供应链物流服务，既可以发挥自身特长，又可以为自有电商平台的发展积累经验。

8　"城市包围农村"：吃掉最后一块奶酪

2013年，淘宝网的销售数据显示：中国县级区域的人均网购消费能力比一二线城市还要高出近千元。相比于中国农村地区不断提高的消费能力，其快递配送业务还不尽完善。另外，随着人们对生活品质的要求越来越高，农产品产地直采的模式也越来越受到广大消费者的青睐。也就是说，目前农民不仅是重要的网购买家，也是网商大军的重要组成部分。所以，完善农村地区的物流体系，完善农产品冷链物流系统，加快发展主产区大宗农产品现代化仓储物流设施都已是迫在眉睫之事，快递行业"下乡"是大势所趋。

事实上，以"四通一达"为代表的国内快递企业早已经开始尝试县级及以下的快递布局。以韵达快递为例，截至 2013 年年底，在全国 3238 个区县级城市中，韵达已开通网点的为 2900 多个。2014 年 5 月 13 日，韵达快递与小小超市在浙江宁海签订合作协议，宣布将通过小小超市遍布在宁海、象山等地的 40 余家连锁店合作，为宁海、象山地区的客户提供更为便捷的快件收派服务，这是韵达快递首次与县级超市进行签约，也是韵达快递发力终端派送的一项重要举措。

在此之前不久，顺丰速运公司也一改坚持高端业务的策略，鼓励员工去华中、华西、华北等农村地区创业，挖掘广阔的农村市场。在接受《第一财经周刊》的采访时，顺丰公司的发言人称："我们希望能尽量快一点地进行网点建设，鼓励自己员工创业就是方式之一。"

鼓励员工到"农村自主创业"这一做法，也被业内认为是顺丰速运继 2013 年布局县级城市后，进一步渗透农村的重要战略。虽然一位顺丰速运内部人士坦言，此举是对农村布局的尝试，而且农村网点并非顺丰力推的主流业务，开设规模及速度都没有既定指标。但正如中国物流与供应链管理高端联盟理事黄刚所说："农村有数亿潜在网购人群，且农业互联网化是趋势。"在业内看来，发力农村市场，已是各大快递企业发展战略中至关重要的一步。

2014 年 4 月 29 日，一则题为《顺丰开始采用代理模式大面积拓展乡镇市场》的消息，引发了快递行业的广泛关注。此前顺丰速运内部人士曾表示：顺丰不排斥去任何地方，但对于乡镇网点的选择肯定会很谨慎。至于之前有媒体报道的"顺丰会在农村新增代理网点 5000 个"这一消息，顺丰内部人士也宣称"绝没有那么多"。为了更审慎地尝试布点，顺丰公司特地建立了多个评测参数，包括人口密度、交通设施、员工对当地情况的了解程度等。

目前，国内的农村快递市场确实有广阔的前景，但由于农村人口居住相对分散等特点，快递业务不可避免地会面临线路长、单位运输成本高、分布面广等问题，需要各快递公司探索出一种适合其业务开展的模式。

作为一家贴有"商务""直营"标签的快递公司，进军农村市场总让人感觉是"不得已而为之"，但顺丰强调，即使是农村的网点，也一定会专营顺丰业务，坚持"顺丰标准"。对于希望在"农村自主创业"的员工，顺丰一定会进行资质考核，判断其是否能够秉承顺丰的理念，贯彻顺丰的标准，并由公司统一管理相关的软硬件设施。不仅如此，公司还会为符合条件的员工提供资金等帮助。

顺丰在农村所开展的具体业务，主要是农产品的相关运输。与 EMS 强大的网点分布以及"四通一达"更早布局农村市场相比，顺丰速运的优势主要体现在技术方面。例如，快捷的航空运输、先进的冷链系统以及电商平台"顺丰优选"等。对农村市场而言，其价格让人感觉似乎不够"接地气"，难以大面积地开拓农村市场，尤其是在经济欠发达地区。

2014 年 4 月初，顺丰速运已经尝试开展"物流普运"业务，可以满足广大客户同一目的地批量发货的需求，而且价格经济实惠，每千克价格低至 1 元。此项业务非常适合大宗货物（如农产品）运输。为此，业内人士评论说："对于农村这一有待开发的空白市场来说，首先要做的是培养农民使用快递的意识。"

在这种趋势和大环境下，顺丰速运此次进军农村市场并未打算妥协，未采用看上去似乎是唯一可选择的加盟方式，而采取了一种创新的"内部消化"模式，即提供资金等方面的支持，鼓励内部员工创业。其实这是一种另类的加盟。对于顺丰来说，由于内部员工比较熟悉顺丰的理念、流程和标准，所以更能保证服务质量。此外，由于在具体采用该模式时，顺丰不仅会对申请人员的资质进行认真审核，而且会统一管理，所以顺丰集团一贯的质量和品质会得到双重保障。

徐勇认为："顺丰进驻农村市场至少需要一年左右的市场培育期。"

对于顺丰坚持采用直营模式开拓农村市场，并遇到管理运营成本方面所存在的问题，顺丰内部人士回应表示："公司所考虑的主要是与保持时效等有关的顺丰服务标准，不会太过考虑运营管理成本。"

第七章

玩起跨界经营，顺丰的
线上与线下

5 年前，我们或许还没听说过互联网营销，如今却要熟知粉丝黏性、大数据和马云的"从云打到端"。有时我们还要留出一只耳朵听雷军的"台风口的猪"。

——王卫

1　顺丰不再只是速递，转变战略商圈跨界

当阿里巴巴宣布涉足物流领域时，当百度试着推出自己的电商平台时，我们又有什么理由认为，顺丰只能是一家快递公司？2012年5月31日，顺丰正式推出自营电子商务网站——顺丰优选，以此宣布正式跨界进入电子商务领域，完成了从送货人到卖货人的转变。

其实，这并不是顺丰的第一次跨界，早在2010年，顺丰就曾经尝试以"E商圈"进行跨界，但那次还处于试水状态，并没有做完整的战略规划，也没有进行太多的投入。

对于用E商圈试水效果如何，外人无从知晓，但顺丰集团一定从中得到了自己想要的东西，因而在两年之后才敢走出传统行业，跨入竞争

更加激烈的电子商务领域。

　　跨界，可以说是企业天生的基因，因为企业从诞生之日就背负了一个使命，即发展壮大，一个没有成长机会的企业不会是一个成功的企业。因为要成长，就必须扩大自己的规模，扩大规模有两种方式，一是在本领域扩大市场占有率，直到实现垄断；二是向本领域外的区域发展，走跨界的模式，让企业的经营范围更多元。

　　作为快递企业，顺丰用了差不多十年时间发展壮大，到目前为止，顺丰已经是中国快递领域的翘楚。但在别的领域，顺丰的身影还比较鲜见，因此顺丰才有了跨界行为。可以这样说，从顺丰在快递领域获得成功的那一刻起，它就注定不再只是一家快递企业，这是顺丰作为一个企业的使命决定的，也是由顺丰的外部发展环境决定的。

　　从当下外部环境来看，影响一个企业采取何种发展战略的因素有四个，分别是政治与法律环境、经济环境、社会环境以及技术环境。将这些环境统一起来分析，就形成了著名的 PEST 分析法。

　　PEST 分析是指宏观环境的分析，P 是政治（Political），E 是经济（Economic），S 是社会（Social），T 是技术（Technological），在分析一个企业集团所处的背景的时候，通常是通过这四个因素来分析企业集团所面临的状况。

　　政治层面，中国政府完善市场法制化以及减少政府干预市场，对企业而言是一个有利因素，企业可以更加按照自己的战略意图进行发展而不必顾忌政策上的束缚。

　　经济层面，国家经济改革深入使得城乡经济和产业机构发生变化，迫使快递公司必须走更加细分的道路，这对于现有快递企业既是机遇也是挑战。同时，外向型经济向内向型转移，内需的拉动使得经济依存度向内发展，快递企业走向国际的步伐似乎因此受到影响而放缓，这也使得顺丰的国际化步伐必须更加稳健，这就给顺丰跨界发展提供了机会。

社会层面，消费观念的变化和年龄分布状况的变化让快递行业面临的局面更加复杂，迫使快递企业必须和消费者以及贸易领域形成有机的配合，那些无法配合或者无法转变角色的企业，将会因为不适应多变的市场而丢掉市场份额。这就抛给了顺丰以及其他同行企业一个问题，被动地接受变化和主动出击引领变化，哪个对企业更有利？毫无疑问，顺丰选择了主动出击。

技术环境，信息化时代的到来给了顺丰极大的帮助，企业的全面信息化让顺丰无论是在管理上，还是在提供服务方面都更加便捷和科学。然而，云技术和大数据时代的到来，似乎让一贯走在科技变革前沿的顺丰看到了自己对于资源的浪费，如果不能不遗余力地挖掘自己掌握的资源，那么毫无疑问这就是在浪费资源，正是基于这种考虑，顺丰才应该改变角色，跨出传统快递领域，再开发和再利用现有的资源，去更广阔的空间寻找待开发的潜能。

可以说，外部环境的变化给顺丰带来了跨界的机会，同时促使顺丰必须完成角色的转变，顺丰的跨界行为，是一种主动适应环境变化的行为。

2013年，顺丰与元禾控股、招商局集团、中信资本等机构达成融资协议，从而告别了王卫个人独资的时代。顺丰必然肩负着为投资者赚取更多利润的责任。对于顺丰的投资者而言，顺丰的业务线有多长、产业链有多大并不重要，重要的是能够良好发展，不断创造更高的价值。在快递领域，因为发展过快，在还没有出现新的增长点之前，顺丰的发展已经遇到了瓶颈，顺丰必须要寻找企业的另一个发展方向，因此跨界也就成了必然选择。

与在其他领域取得了突出成就的企业一样，作为行业的标志性企业，当它决定要转身迈入另一个陌生的领域时，不只是它以往的顾客会感觉到不适应，就连企业本身也会在管理、组织结构等方面出现一段不适应的阵痛期。有些企业甚至会因为这种阵痛而被迫放弃跨界，严重的甚至会影响到企业整体部署。

八佰伴公司原本是日本零售巨头，从一家卖水果的小型商店开始，逐渐发展为世界性的大公司。因为公司发展过快遇到了瓶颈，急需寻找新的发展方向，因此选择了向房地产市场跨界，结果遭受了极大的损失，公司也陷入了困境。

由此可见，一个企业想要跨界是正常之选；而能够跨界成功，则是由很多因素决定的。那么顺丰跨界的前景如何呢？从顺丰这几年一步步的跨界行为来看，至少到现在还是乐观的，在可预见的未来，我们也期待顺丰能够很好地完成角色的转变，给我们带来跨界的惊喜。

2　试水"E 商圈"，为布局电商 打下扎实根基

晨兴资本合伙人、著名投资人刘芹曾经说过："创业是多数人故意不选择而留给少数人的机会。"为什么多数人故意不选择？因为创业太苦，磨难太多……

创业是一种和平时期最绚烂、最靓丽的生存方式。无论成败，创业者都必须承认，创业已经最大限度地拓展了生命的深度和广度。在这一点上，没有任何一种活动能出其右。这一点也决定了创业者在创业过程中必然经历煎熬与折磨，体味到各种酸甜苦辣、各种悲欢荣辱。

顺丰的民营快递"盟主"地位，是经历重重磨难获得的。从"老鼠会"到"快递之王"，王卫经历了种种磨难，可贵的是在磨难中，顺丰速

递一步一步地发展起来。从 1993 年到 2005 年，因为资金周转问题，王卫曾先后 9 次将物业或商展抵押给银行。

2009 年端午节，顺丰曾经尝试让快递员派送包裹时推销粽子，这次成功的销售，让顺丰看到了光亮。后来顺丰用相同的手法在中秋节卖月饼、在春节卖年货，甚至还用这种方法推销大闸蟹，都取得了不错的成绩。推销这些商品，顺丰基本无须承担风险，也不需要费太多的口舌，只是借助自身配送的优势，通过与客户建立长期的信任关系，就自然而然地做得漂漂亮亮。

后续的尝试，让顺丰更加坚信快递和电子商务的结合可以打开巨大的市场。2010 年 8 月，顺丰"E 商圈"正式上线运营。顺丰"E 商圈"除了将"粽子模式"移植到网上零售，还尝试与便利店合作打造 O2O 新模式，同时提供便利店自提服务，提供的产品从最初的节假日礼品扩展到数码、母婴用品、茶叶、地方特产、商务礼品等数十类商品。

"E 商圈"面世，是顺丰对电商的首次尝试，刚开始时王卫对商圈的发展表现得信心十足。2010 年年底，王卫曾提到："2011 年我们会侧重发展电子商务。首先是要加深对电子商务的理解……一个快递公司进入跨行业发展领域之后，就意味着上了一个新台阶。快递企业的发展有两个阶段，一个是跨行业发展，一个是跨国家发展。如果能做到这两点，就意味着已经进入国际公司的门槛。如果这两方面做不好，走出去就有很大的风险。"

在外界看来"E 商圈"的出现毫无先兆，实际上顺丰已经为做电子商务酝酿了不止两年，为此还从网购平台招募了一批专业人员组建团队。此前顺丰专门研发了顺丰宝，可见顺丰这次做"E 商圈"肯定不是小打小闹，而是对做电子商务志在必得。毕竟做生意都是有风险的，做生意不是一时感到稀奇就玩玩的游戏，如果不是有了十足的把握，顺丰就不会贸然进军电商领域。也许"E 商圈"只是顺丰试水电商的第一步棋，但从酝酿两年上也足以看出，王卫所走的这一步棋是相当慎重的。

快递公司之所以涉足电商，主要目的是在低利润率下自寻出路。随着近几年人力成本等成本大幅攀升但运费几乎没有增加，网购派送占据总业务相当大比例的快递公司也都很快意识到，电商的毛利率是快递毛利率的几倍甚至十几倍，所以快递公司向电商延伸成了必然选择。

如今快递公司纷纷涉足电商，从理论上来讲，快递环节会百分之百卡住电商的咽喉，而电商对于快递公司的掌控能力显然很弱，卖家能决定由哪个快递公司派送，对于这一点，平台的话语权不大。如果日后顺丰的网购平台壮大到能和现有"淘宝"们竞争，那么在这场电商争夺之战中，王卫手中的牌显然要多些。

不过理论归理论，现实中的市场竞争总是要比理论复杂得多。从目前各公司电商业务现状看，物流公司要想真正做强电商业务，首先必须要克服自身存在的一些缺陷。说到底，快递进军电商毕竟是进入一个自己并不擅长的领域，这就导致其电商业务不够专业，购买流程设置、处理订单速度、退款、客服等不到位，对于这些缺陷，从网络上不少消费者的抱怨中就可以窥视一二。

不仅如此，快递企业对自己网站的推广力度也稍显不足，再加上商品种类少，成交量上不去，这些也都是快递企业不得不着重解决的问题。

顺丰与王卫的电商之路才刚刚起步，王卫一如既往地低调，但是低调的背后，王卫从来没有放松警惕，他知道业内无一不关注着顺丰的一举一动，接下来顺丰要面临的考验还有很多。尽管如此，王卫仍然波澜不惊，一边依照自己眼中的标尺测试电商的水温，一边衡量电商与物流市场的广阔前景。

3　顺丰优选，跨界道路上向左还是向右

2012 年顺丰跨界便利店的争论仍然火热，快递业神秘 CEO 王卫就再次出手。2012 年 5 月 30 日，由中国本土最大的民营快递企业顺丰速运投资的电子商务网站"顺丰优选"正式在北京上线，"顺丰优选"定位高端食品电商，开业即提供生鲜配送，于是顺丰旗下又一电商平台横空出世。

顺丰优选正式出现在公众视野中时，行业观察者对此普遍不看好。然而，上线后的顺丰优选，成交量增长迅猛，在众多电商行业中成为当之无愧的黑马！

此外，顺丰集团还利用顺丰优选这一战略平台大举进军农产品领域，

并建立了营销——基地整合——快速物流——末端快递配送的一条龙服务通道。目前，农产品电商大多都存在"盈利难"问题：无论是产品的品类、质量、安全性、时效性，还是物流速度、用户体验等，农产品电商都处于一片阴霾之中，前途并不明朗。但农产品电商无疑是电商领域的最后一片蓝海，也是最具发展潜力的一片市场。因此，顺丰速运在农产品领域的布局，无疑是一个极富前瞻性的战略构想。

顺丰速运除了致力农产品领域的电商之外，还将战略目光转向了手机品牌和服装类品牌的电商物流。手机品牌在所有的电商领域中是风险和货值均最高的种类。因此，顺丰速运分别与苹果、小米和华为等著名的手机品牌合作，建立了一整套的物流服务系统。服装品类在电商中也占据了重要的地位，在顺丰全网的电商交易额中占到了35%左右。

顺丰在经营中就喜欢给自己制造麻烦——如果顺丰把电商领域最难啃的农产品、风险和货值都最高的手机品牌和品牌种类多且管理复杂的服装品牌都搞定了，那么顺丰还有什么不敢尝试的呢？

顺丰优选的每一款商品都有一个SKU（库存量单位），SKU有起到便于电商品牌识别的作用。顺丰优选上线后的，SKU的数量为5000~6000个，其中进口食品占到80%以上，平均毛利率在40%左右。另外的20%以优质国产食品为主，覆盖了母婴食品、营养保健品、粮油副食、酒水饮料等九大品类。自上线以来，顺丰优选每月销售额同比增长都保持在50%以上，高峰时期每天的销售额可以达到几十万元。在此基础上，顺丰优选计划在未来3~5年内扩张到中国的30个城市，基本覆盖一、二线主要城市。

时任顺丰优选总裁的刘淼表示："这个网站前后筹备了200多天，最终完成了网站平台系统、物流仓储系统、商品采购系统等系统的开发和建设，并制定了个性鲜明的品牌上市策略。"

顺丰优选是全品类食品网站，这样的网站在内地并不多，目前内地仅有沃尔玛、1号店、麦德龙商城等，所以竞争对手极少。

顺车速递副总裁李东起表示："无论是便利店、网店或顺丰宝第三方支付，顺丰的多元化跨界都是围绕快递延伸的，其目的是为快递主业拓展服务空间。"对此，刘淼也表示，王卫并没有给他们施加盈利期限的压力，他说："现在就是做好商业模式、产品和服务。"

但是在接下来的很长一段时间里，顺丰优选都没有得到此前想象的成绩。对此，刘淼表示："多少有些受挫，我以为凭借顺丰的品牌，优选上线的成绩至少不是现在的样子，现在看整体投入要有一定的控制和节奏。"

顺丰优选原计划在2012年北京的业务开通之后，接着就展开全面进攻，在上海、广州加快速度扩张，但在现实面前该计划不得不重新斟酌了。可见顺丰的品牌效应并没有延伸到终端的零售市场，电商的本质是零售业，不管配送有多完美，都不是电商的核心竞争力。

同顺丰优选上线以来并不理想的业绩一样，此前申通也曾关闭了旗下"爱买网超"，开通电商业务的圆通、宅急送等大型快递公司，在电商领域也一再受挫。苦撑大旗的顺丰优选也出现总裁离职的现象，面对此种境地，快递企业不得不重新思考跨界电商的可行性，以及怎样才能成功跨界。而对于顺丰而言，李东起的上任又给了顺丰一丝希望。

有了前任的经验教训，李东起上任后马上做出了战略调整，值得高兴的是，其战略调整初见成效。

（1）重新定位优选，扩充品类，继续增加SKU，丰富消费者的多样化需求；

（2）加深整合物流和配送服务，共享顺丰航空、干线等资源；

（3）为了完善售后服务，强化配送队伍的"作战力量"，每位"客户代表"（配送员）标配一台 iPad，配送团队和配送设备独立运营，标配冷藏车。

在李东起的一系列变革之下，顺丰优选逐渐恢复生机。

2013 年 2 月 26 日，顺丰优选宣布开通上广深三地配送业务，短短三周内流量将近涨了一倍；与之相反的是，其他竞争者的流量下滑 20% ~ 40%，由此可见，这次战役中，顺丰算是大获全胜。

但是如果现在就为顺丰优选的一点成绩感到骄傲，未免也太早了。要知道顺丰优选距离最终的成功还有很长的一段路要走。

对此，王卫甚至认为顺丰优选前路漫漫，势必还会经受更多的考验与风险。他将顺丰优选视为一条不归路，说道："顺丰优选是一个不能失败的项目。"所以无论如何，顺丰优选都必须熬过这一关，"杀出重围，绝地逢生"。

尽管前两年顺丰优选的跌跌撞撞已经证明了"跨界"这条路并不好走，但是问题不仅仅局限于此，就目前看来，摆在顺丰面前的问题依然是险阻重重。

1. 定位不清晰

顺丰优选全名为"全球美食优选网购商城"，由此可见，顺丰是想做一个聚合国内外美食商品的销售平台，但是进入其网站后就会发现，里面充斥着太多和美食无关的商品，实在难以想象各类奶粉和保健用品和美食有什么关系。另外，优选虽标榜以进口商品为主，但是进口商品的比例一直在降低，国货反而不断增多，其价格也不再定位于高端而是更加大众化。这也就暴露了顺丰优选定位不清晰、产品无优选的弊端。

2. 运营无优选

以网站导航中"时令优选"频道为例，这看似该是一个和生鲜有关的频道，实际上却是一个茶叶专区，并且都是些相对高端的礼品茶，单价数百甚至上千，所以这个频道根本就是名不副实，消费者认为导购专区商品混乱。

3. 竞争对手的增多

对电商而言，客户数据是至关重要的商业机密，而现在顺丰跨界做电商难免会让其他同行警惕甚至是排斥。因为顺丰物流掌握其他电商的核心数据，如客户信息、购买记录、消费价格，等等。所以，一旦顺丰开始做电商业务，那么相应的物流业务势必会受到自己的排斥，如果今后扔继续扩张电商业务，那么势必会导致其他电商被逼减少与顺丰速递的合作。

所以，顺丰跨界对王卫来说是进退两难。如果顺丰真的下定决心做综合性购物商城，那么它所面临的不仅仅是庞大的竞争群体，还有与自身物流业务的冲突。所以，这条"跨界"的道路还要不要继续走下去、该如何走下去，都将是摆在王卫面前的难题。

4　台风口的"那头猪"，搭建跨境电商 "全球顺"

当前，中国的商业世界既兴奋又杂乱，不断有新的技术手段问世，不断有新的营销方式出炉。移动互联网的强势出现，让顺丰进入一个更新更复杂的商业棋局。

不管人们是否准备就绪，移动互联网都以超乎想象的速度向生活纵深蔓延。一台智能手机，几乎可以解决生活中的所有问题。技术拆除了地理藩篱，网络颠覆了传统规则。以王卫为代表的中国企业家们都必须睁大眼睛，竖起耳朵，随时准备阻止他人"劫营"，同时又随时准备向他人"劫营"。

相对于"80后""90后"互联网原住民的阵阵亢奋，传统快递行业感受到的是无休止的焦虑。传统的坐标和参照系已经瓦解，不同的观察角度和客户体验，导致企业对未来发展趋势做出不同预判。犹如盲人摸象一般，快递行业的企业家们，都自以为凭借火眼金睛看到了未来，都在兴奋地传递各种全新观念，等待从行业颠覆过程中乘风破浪，几个月后却发现还是跳不出原来的圈子，只能睁大眼睛看着远方的新大陆，却没有一支安全稳妥的舰队。

一念天堂，一念地狱，这就是转型带来的阵痛。没有人知道前行的路在何方，也没有人知道这一步迈出后，给企业带来的究竟是霹雳雷霆还是别样景致。

顺丰同样面临着转型的困扰。从旁观者的角度而言，王卫是一个不拘一格、勇于自我颠覆的企业家。他的每一次决策，都给客户带来了全新的消费体验，比如他在跨境电商方面的屡次尝试。

2013年9月，顺丰在涉足航空、便利店、供应链管理和无人机之后，低调上线了专业的海淘转寄服务平台"海购丰运"，试水"跨境寄递＋海淘"业务。截至2014年11月，海购丰运只针对美国市场开通转运集货业务。但王卫多次向媒体表示，海购丰运未来肯定会扩张至其他国家。

消费者注册海购丰运后，能够免费获取海外地址以及专有储物箱号，可使用该地址和箱号在 eBay、Groupon、亚马逊等国外网站购物。顺丰美国站的工作人员负责在当地验货签收，货物入仓后将自动发出电子邮件通知消费者。

此外，海购丰运还支持网上自助选择合箱、全程包裹拍照等增值服务，为消费者提供跨境运送和清关服务，并且负责国内配送。

在支付方面，海购丰运暂时只支持 VISA、万事达、美国运通信用卡，支付宝、PayPal 等在线付款方式正在筹划中。对于部分不接受信用卡支付的海外网站，海购丰运则推出了代购业务，方便用户购买多样化的海外商品。

一般来说，对于海淘平台，消费者最关心的往往是时效问题，而海购丰运在这方面极具竞争力。加上通关时间，客户在海购丰运下单之后，一般能在 2~3 周收到物品，圣诞节等国外购物高峰时可能会延迟。

在价格方面，海购丰运也存在明显优势。与四大国际快递巨头相比，顺丰的运费可打 2~5 折，还可享受为期 30 天的免费仓储服务。

据商务部预测，2016 年中国跨境电商进出口贸易额将达 6.5 万亿元，未来几年跨境电商占中国进出口贸易比例将会提高到 20%，年增长率将超过 30%。以前跨境电商进出口交易主要集中于大型 B2B 平台型企业，但现在越来越多的消费者开始选择 B2C 模式。这是一个无比巨大的市场，早一步下手，便可占据有利地形。在快递同行们忙着为国内电商市场争得头破血流时，顺丰提前布局海淘市场。尝到甜头的顺丰，很快又在跨境电商领域进行了一系列全新尝试。

2014 年 8 月，顺丰推出跨境电商业务"全球顺"，专门面向境外电商客户提供价格经济、对时效性要求不高的快递服务。全球顺客户准入门槛为每月 500 单，要求客户统一做件、统一包装，在约定时间段将快件集中送至公司指定的营业网点或中转场。

全球顺的产品价格是原价的 60%~80%。王卫对外宣称："全球顺主要是为了适应国际电商物流 B2C 市场的变化趋势，满足客户寄送经济型快递的需求。"通过全球顺业务，消费者从纽约寄送物品到大陆的时间为 7~12 天，从香港寄送物品到大陆的时间为 7~9 天，属于标准的经济型快递。另外，全球顺还为客户提供超范围转寄、偏远地区附加费豁免和预计派件时间等服务。

在中国，跨境小件快递一直没有形成标准化和规模化。和顺丰在国内崛起一样，要想降低物流的价格，提高跨境快递的速度，就只能选择标准化和规模化道路。对此，顺丰早已轻车熟路。

在跨境电商领域大踏步地开疆拓土，顺丰将同行远远地甩在了后边。截至 2014 年 11 月，顺丰已开通美国、日本、新加坡、泰国、澳大利亚、韩国、马来西亚、越南、俄罗斯等国家的国际快递业务，还宣布联合立陶宛邮政正式进军欧洲。全球战略布局让顺丰在跨境物流中实现全程自我把控，和其他资源整合跨境电商物流服务商相比，顺丰的服务质量能够得到更大的保障。

除此之外，在淘宝、天猫上彰显商家服务品质的"顺丰包邮"，将在天猫国际与其他跨境电商平台发展成"顺丰国际包邮"。王卫通过一次次创新尝试，让顺丰这样一个快递行业的庞然大物，依然保持着敏锐的视觉与敏捷的身躯。

跨境电商正在积蓄能量，假以时日，或许会形成一股台风。当台风刮起时，顺丰会不会是台风口的"那头猪"？

5　优选顺丰电商特惠，做全世界电商的生意

中国的电子商务发展到今天，呈现出两条明确的发展路径，即品牌电商化和电商品牌化。顺丰无疑走的是前一条路。作为传统企业的典型代表，顺丰犹如陆地的百兽之王，在快递丛中横冲直撞。然而时代变了，移动互联设备的普及，让传统快递不得不插上网络的翅膀，与电商无缝链接。

按照王卫的说法："世界上有一种鸟没有脚，生下来就不停地飞，飞累了就睡在风里。一辈子只能着陆一次，那就是死亡的时候。"不停地飞，这是王卫的唯一选择，也是顺丰的典型写照。

电子商务的发展空间非常大，为市场带来无穷的想象力，同时电子

商务延伸出来的细分行业也逐渐展现出来，比如电商服务业。电商服务业主要针对传统品牌企业，为其提供网上产品分销、电子商务渠道管理、软件应用、仓储配送等服务。借力先天的品牌优势，王卫找到了顺丰与电商接轨的切入点，推出了在电商服务业内影响深远的"电商特惠"。

2013 年 11 月，顺丰针对天猫、淘宝、聚划算等淘宝系电商平台，推出了名为"电商特惠"的新型业务，业务范围涵盖中高端电商市场和电商基础市场。

顺丰"电商特惠"在价格上更具优势，顺丰官网的相关资料显示，顺丰电商特惠同城单的首重价格，比普通快递低 4 元。至于省外价格，以从广州发往湖南张家界一单 5 千克以内的快件为例，选用顺丰电商速配服务的价格为 52 元，选用顺丰普通快件服务的价格为 54 元，而选用顺丰电商特惠服务的价格仅为 30 元。顺丰电商特惠比普通快递价格低 44%。

同时，顺丰电商特惠还提供发件时系统对接、电子称重、逆向物流，派件时预约派送及售后客制化账单等便捷服务。如发件环节，顺丰针对一次发件量较大的电商用户设计系统对接和电子称重服务，可将客户物流信息直接转化为运单信息，而且发件系统能直接接收快件重量信息，并自动计算运费。发件操作自动化，不但使人力成本和沟通成本降低，还能保证信息准确无误。

此外，电商特惠还为电商客户升级了顺丰速运通平台，免费为商家提供多店铺多平台订单和运单处理等功能，并提供根据订单信息生成配货单及发货单，自动拆分合并订单，自动匹配发货公司等功能。

物流和售后，一直是国内电商的两大软肋，也是电商巨头们心中的痛。顺丰推出电商特惠，标志着电商服务业的发展更加符合现代电商的需求特点。仅 2013 年 11 月 11 日、12 日两天，顺丰为国内电商的发货量就比 2012 年同期翻了将近 5 倍。仅天猫一家，顺丰的发货量就占到了将近两成。

选择顺丰电商特惠服务的电商卖家要满足以下条件：每月快递订单达到 1000 单以上；自备包装；在每天固定的时间和地点发件。中小电商卖家可以联合 500 米范围内的友商，组成"商盟惠"，通过这种形式满足顺丰电商特惠对票件量的要求。这些友商结算账号各自独立，但可以同用一个商盟账号。中小型电商欢迎并且支持这种极具电商特色的快递服务，电商特惠也正成为主流电商的选择。

在电商特惠专属服务推出不到半个月，与顺丰签约的电商客户量迅猛增长，甚至包括一些淘宝大品牌明星商家，如裂帛、韩都衣舍、雅鹿等。

只占电商快递服务市场较小份额的顺丰，此次推出顺丰电商特惠，意味着顺丰将开始在电商快递服务市场全面发力。

6 掌上速递的宏伟蓝图，决胜移动端营销

2016 年 11 月 12 日，淘宝官方公布，2016 天猫"双十一"交易额达 1207.49 亿元，无线交易额占比 81.87%，物流订单量 4.67 亿。覆盖 235 个国家和地区。再次刷新"双十一"纪录。

越来越多的人习惯移动端交易，就连卖快餐的也开起了微店。在这种大背景下，企业若不搭上移动互联网的快车，很快就会落于人后。

王卫领导下的顺丰从不保守，除了开发顺丰速运 APP 外，还充分开发外部平台的创新合作，实现移动端自助查单、下单、支付等操作。

顺丰速运 APP 是一款基于 iOS、Android 操作系统开发的个人快件管理软件。为了让客户获得最佳的用户体验，顺丰精心开发了这款管理

软件，并实现了线上移动端信息流与线下网点、车辆、人力资源的完美匹配。

在用户隐私保护这一快递业棘手的问题上，顺丰速运 APP 新增的地址代码服务功能，有效解决了这一老大难问题。此项功能将用户附近的收派件网点以一串唯一的代码代替，只有通过 APP，用户才能得知具体的收件地址。

在顺丰速运 APP"我要寄件"板块中，用户可以查询"运费""收送范围"和"禁寄品"三大信息。顺丰速运 APP 还会匹配消费者手机通讯录里的联系人和寄件人，消费者也可以建立一个顺丰地址簿，添加常用的寄件人信息。在"我要查询"板块中，消费者可以通过扫描订单条形码了解订单信息。

此外，顺丰速运还别出心裁地在 APP 中设置了查询快递员真假、实时搜索附近门店、智能推荐代收点、一键转寄、地址代码加密等功能。顺丰的软件工程师甚至还结合了时下最流行的"摇一摇"，推出了具有显著顺丰特色的"摇一摇"——当用户需要发送快递时，只需要用力摇动手机，系统便可以通过后台程序实现用户定位，继而上门服务。

同时，顺丰速运 APP 还上线了推荐网点功能，通过 GPS 定位查找附近的顺丰速运网点或代收服务点。快件派送到服务点后，用户可以选择自提或让快递员送货上门。

将服务做到极致，是王卫一贯的做事理念。他将这一理念完美地融入到顺丰速运 APP，打造出这款功能多样的 APP。甚至可以说，只有消费者想不到的功能，没有顺丰 APP 无法提供的功能。也正是这种超越预期的服务，彻底改变了顺丰公司以收派件为主的服务模式，通过客户轻松操作交互式手机软件，实现上门服务信息前置，增强了与客户一对一的互动，实现零距离沟通。

截至 2014 年 11 月 9 日，在国内主流安卓分发平台（百度应用、91 助手、安卓市场、豌豆荚、360 手机助手、应用宝、安智市场）上，顺丰速运 APP 的下载总量近 350 万次，位居快递 APP 第二位。

除了移动端 APP，王卫还顺应时代潮流，推出了顺丰速运微信服务号，微信用户可以通过登录顺丰的官方服务号，轻松体验智能化物流的便利。在顺丰速运微信服务号中，消费者不仅可以及时获得最新的顺丰活动信息，完成最基本的快件下单查询等功能，还可以查询运费、时效、服务网点、收送范围等信息，免去顾客打客服电话的麻烦与听到"线路忙，敬请等待"的烦躁。

为了实现掌上速递的宏伟蓝图，王卫在移动端不断发力。2014 年 8 月，顺丰宣布与支付宝合作，开通"顺丰速运支付宝服务窗"，用户可以在服务窗自助完成寄件、查件、查询运费和服务网点等互动。绑定手机后，更可以收到服务窗主动推送的全程物流消息。

快递物流企业面临着线上信息流问题，通过顺丰速运 APP、微信服务号和支付宝服务窗，顺丰妥善地解决了这些问题，实现了移动端信息流与线下物流的完美衔接，进而能够合理高效地安排线下各种资源寄送快件。

另外，在快件运输过程中的任何时间点，都能及时将相关信息上传到信息中心，使客户随时随地都能通过手机上的微信服务号、顺丰速运 APP 和支付宝服务窗组件查询快件寄送情况。

移动互联正在让生活更加便捷，如何顺应时代发展的潮流，如何拓展自身的业务，挖掘新的蓝海，是众多快递企业亟须解决的问题。对任何难题，企业都只能找到暂时的答案。

7　运用"长尾理论"，诠释"荔枝牛奶经济学"

长尾理论是随着近年来网络时代兴起的一种新理论，是指由于成本利效率的因素，当商品储存流通展示的场地和渠道足够宽广，商品生产成本急剧下降甚至个人都可以进行生产，并且商品的销售成本急剧降低时，很多在此之前被认为需求极低的产品，只要有人卖，就会有人买。尽管这些产品的需求和销量不高，但所占据的共同市场份额可以和主流产品的市场份额相比，甚至更大。

也就是说，商业和文化的未来不在于传统需求曲线上代表"畅销商品"的头部，而是代表"冷门商品"经常被人遗忘的长尾。简单来说，长尾所涉及的冷门产品涵盖了更多人的需求，到那时就会有更多人意识到这种需求，从而使冷门不再冷门。在这种变化的影响下，一套崭新的商业模式就会跟着崛起。

例如，一家大型书店通常可摆放 10 万本热门书籍，但是在亚马逊网络书店的图书销售额中，有 1/4 的销量来自排名 10 万以后的书籍。由此可见，这些原本被视为"冷门"书籍的市场份额非常可观，预计未来在整体所占的比重还会增加。

有人认为，几乎不会有消费者会从网上买新鲜荔枝或牛奶，因为这些时令产品的保质期非常短。事实上，这些商品正处于消费需求极低的"尾部"，只要条件许可，企业就可在其"尾部"上大做文章，获得巨额收益。

"一骑红尘妃子笑，无人知是荔枝来。"古有唐玄宗为了能让杨贵妃吃到鲜露欲滴的荔枝，不惜命人快马加鞭，千里迢迢将荔枝送至皇宫。现有顺丰通过有氧舱航班运输，通过顺丰冷链将刚从枝头上摘下的岭南荔枝，在 24 小时内送到客户手中，而这才是真正意义上的"鲜露欲滴"。无疑，顺丰的客户们真正做了一回能够享受到尊贵服务的"杨贵妃"。

中国消费者之所以能够品尝到离开枝头时间最短、最接近原产地口味的岭南荔枝，完全得力于顺丰速运的冷链配服务。

在 24 小时之内将新鲜采摘的荔枝送货到家，是顺丰优选引爆荔枝的速度，或许也是生鲜电商能给到的速度极限。为什么顺丰放着消费群体更大、需求量更多的生意不做，非要在北方人消费量并不大、生长周期只有十几天的荔枝上大做文章？其实在这场短暂的"荔枝大战"背后，顺车所采用的正是长尾理论，也是顺丰优选的一次突破性的尝试。

2012 年 5 月 31 日，顺丰优选上线，顺丰跨界电商的举动让顺丰优选从一开始就饱受争议，但顺丰优选在电商领域的尝试没有因此而却步。2013 年，顺丰优选将常温产品铺设到上广深等八个城市，同时增设了天津的冷链配送服务；另外，顺丰也在暗中谋划，通过原产地直采、规划重点品类，进而开展自己的电商业务。

经过了一段时间的摸索，顺丰优选似乎已经找到了进入食品电商的入口：依靠顺丰大网的优势借力打力，用物流基因补齐电商的短板。与其他的传统电商企业相比，顺丰优选最大的优势就是具有强大的物流优势。所以只要顺丰优选能够发挥好这一优势，就能够从长期被电商巨头霸占的市场中开拓出一片只属于自己的特色市场。

找到了自身的竞争优势，顺丰优选接下来要做的就是及时往上游走。只有往供应链上端走，顺丰优选才能获得更高的毛利，赢得更多盈利空间。终于在 2013 年 5 月 2 日，由顺丰优选精心策划的首款海外直采产品——太阳堂凤梨酥成功上线，由于缩短了供应链，该产品的价格比其他电商平台上同类产品低一半，于是顺丰优选成功走出了迈向电商市场的第一步。

有了一次成功经验后，顺丰优选又看准了市场小但利润丰厚的北方荔枝市场。相较于其他产品，荔枝这类保鲜期极短的时令水果，对保鲜和运输的要求非常高。但在机遇面前，顺丰优选没有退缩。

提到荔枝，人们总是会垂涎欲滴，其实在中国，除了海南、广东、广西以外的省份，要想吃到刚刚采摘、无水无冰的荔枝，是一件极其奢侈的事。荔枝极不容易保存，如果没有任何保鲜措施，一颗刚从树上摘下来的荔枝就只能保鲜 2 天，所以很多地方能买到的荔枝一般都是加冰或者是用药水浸泡的，如此一来不仅不能够保证其原有的味道，甚至还会影响身体健康。

那么，要想吃到一颗新鲜采摘到的，不加任何人工保鲜方式处理过的荔枝，就真的有这么难吗？顺丰要挑战一下。2013年1月，顺丰优选的采购员开始在广东的深圳、增城、东莞和高州四个城市寻找合适的果园，并严格要求荔枝的品种、成色、种植环境。为了保证荔枝的安全性，驻扎在广东的优选采购员要在现场确认荔枝的品质，所以经过层层"选拔"，与线下水果市场中看到的相比，顺丰优选的荔枝有几大卖点：原产地直采、航空直达以及二维码溯源，这就从根本上保证了荔枝的"原汁原味"。

顺丰优选的荔枝大多面向礼品市场，一盒2.5千克的荔枝，售价在150~300元不等。虽然这个价格远远高于市场上的价格，但由于顺丰优选的荔枝是过原产地直采、24~30小时内送达、全程配送无水无冰，口感和品质上都有严格的保证，所以选择这样一份价格适中、品质优良、送货上门的时令水果作为礼物，的确是一个很好的选择。就这样，顺丰优选避开拥有庞大消费群的低端市场，转而定位几百到千元不等的"冷淡"的中端市场，找到了一条原产地直采，以礼品为主打的"时令优选"的市场方向，为顺丰优选找到了市场出口。

这就是长尾理论带给顺丰的效益，看似冷淡的中高端市场，其实内部的前景依然广阔，只要能够满足中高端需求的商品，市场再冷淡的商品依然能够成为热销产品。

第八章

大数据时代，顺丰全力
打造 O2O 模式

21世纪，要么是电子商务，要么是无商可务。

——比尔·盖茨

1　顺丰 O2O 战略布局只是冰山一角

Online to Offline，即所谓的"O2O"，中文释义为"联机到脱机"，指将线下的商务与互联网有效结合在一起，使网络成为线下服务业态的有利平台。

当下的中国市场，除了阿里巴巴、美团、苏宁等"老品牌"电商有能力驾驭 O2O 平台之外，最能将 O2O 价值体现得淋漓尽致的，还要属社区服务。因此，标榜社区服务的"O2O"商业革命即将开战，刚巧王卫也看好这场蓄势待发的革命。这一次，顺丰又会带来什么样的意外惊喜？

O2O 作为从电商团购业务中衍生出来的一个分支服务模式，更注重本地特色经营，更"急顾客所需，思顾客所想"。就目前的发展态势来看，相对主流的电商O2O都将业务延伸到城市中央商业区，这里不仅拥有大量的客户群，同样也有大量的商家，而想做成出色的大平台，最起码的客流量基础是很关键的。炙手可热的O2O市场已经不仅仅局限于餐饮、娱乐等传统的本地消费，更多的行业都将目光聚焦到这个新兴淘金的领域。中国不缺少商家，更不缺少消费者，如果说缺少什么，可能只是缺少一些这样的平台。

目前CBD商业区太过"抢手"，且已经被规模相对更大的电商占据了一部分市场份额，想进入该领域的商家恐怕也是有孔难入。况且，这种更高端定位不适合所有行业，比如说快递零售业。

O2O平台突出的地域特点说明，人员流动量大的区域都是可以注资的地方，比如社区这样与每个人都息息相关的场所。社区属于物流配送最小的一个单位，能最大化实现"最后一公里"的超值服务体验，因此社区具有很强的平台价值性，也最有可能成为O2O平台的切入点。

当O2O的商业区已经被电商巨头们瓜分得所剩无几时，以社区为主要活动场所的平台生活区脱颖而出。当O2O商业区已经进入白热化状态时，O2O生活服务区却能给创业者们提供更多的市场机会。

社区服务O2O可提供多种业务模式，如社区广告、社区电商、社区论坛、物业服务、社区便利店等，而物业增值服务和社区便利店又为快递的"最后一公里"提供了商机。

有一种观点认为，在电商肆虐的市场环境下，能够活下来且还有竞争力的实体购物场所只有两种：一种是大型商场或超市，也就是O2O服务商业区；另一种是O2O社区服务。那么，成为未来最具有竞争意义的平台——社区O2O，依靠什么而立于不败之地？

1. 满足居民需求

O2O 社区服务针对的目标群体都是居住在社区的居民，主要服务是满足他们的日常所需。对于创业者而言，投资风险相对较小，客户群体相对稳定，提供服务的回报价值也就更高。这个区域人流集中、人数固定，可提供百姓日常所需的各种增值服务，如便利店、果蔬店、农贸市场、家政服务中心、药店、餐饮、汽修、美容美发、媒体等。

2. 服务人群数量稳定

O2O 社区服务半径相对较小，也就是说，可服务的人群数量基本不会有太大的变化。这时，社区周边居住环境、人群消费能力等都是 O2O 社区服务的关键因素，当然可参考的因素还有其他，比如周边的房价、周边配套设施包含内容等。

成功经营 O2O 社区服务的企业，都选择了恰当的位置并做了恰当的事。高端社区除了日常所需的 O2O 社区服务之外，还会引进一些相对增值的服务，比如健身会所、西餐厅、医院等。当然，这个领域还需要平衡、协调地发展，需要依据实际消费需求而酌情调整和改变，以适应良性竞争。

3. O2O 社区服务职能定位相对稳定

社区在满足社区消费群体日常需求的同时，将延伸服务传递给消费者，将人性化、个性化服务体现得更为完善。不同于 O2O 商业区的"高端、大气、上档次"，O2O 社区有着自己独特的"低调、奢华、有内涵"。人们在居住环境范围内的消费多具有便利性和日常性特征，这些特征直接决定了 O2O 社区服务的性质和形式，这就是便利店和生鲜超市等零售业热衷于此的原因。

由此可知，O2O 社区服务是一个非常有前景的新兴产业，且随着社会的进步，人们消费水平的提高，这个产业的发展速度和消费比重都会快速提升，因而如何把社区、商业、物业、O2O 相结合在一起，并进行有效的商业运作，是当下创业者们需要仔细思考的问题。

O2O，就像一个幸运的音符，随着春风飘进了中国的市场经济浪潮中，它是一个时代里不可能遏制或逆转的因子，它最大的使命就是将电商九成以上的市场份额"占为己有"。而电商或与电商有关联的产业，想要活得下去就不得不千方百计地向 O2O 靠近。

在中国电商的发展历程中，O2O 是历史较为悠久的商业模式，如创立于 1999 年的携程网就是一个优秀代表。携程网于 2003 年在美国纳斯达克上市，让"全美证券商协会自动报价系统"纳斯达克先认识了中国的 O2O，并知道中国也有电商。

携程网诠释了最为标准的 O2O 构架——线上、线下两部分，线上部分提供指南参考及吃喝玩乐的众多信息，线下部分针对会员提供酒店、机票、度假等预订服务，这一结构代表了中国原始 O2O 关于订票服务的成熟应用。

时过境迁，中国不可再走老路，而在新的市场环境下，哪些有形资产会成为 O2O 的潜力股？细数 O2O 的特点——线上整合信息流、资金流，线下进行物流和商业活动等，可知以物流、信息流和资金流为主要组成部分的行业，将实现最有效的 O2O 社区服务模式，而这三个部分又恰恰与王卫的"三流合一"不谋而合。

只是，王卫曾经在"跨界"零售业的时候"受过伤"，虽然 O2O 的优势体现为创造有意义的价值，而这个价值也会成为快递行业发展道路上不可或缺的一环，王卫会怎样看待 O2O，怎样为顺丰做出新的抉择呢？

2012 年是中国的 O2O 元年，无论是成熟的传统企业，如火如荼的电子商务企业，还是以电信、银行、娱乐等为代表的民生相关企业，都在探索和实践 O2O 模式。

O2O 孕育着极富创新性的商业模式，可以说 O2O 代表了移动互联网时代中国企业的前进方向。就像一阵春风，忽然间大街小巷仿佛都在传唱着一种声音：用互联网思维改造传统企业，打造 O2O 的完整闭环。

移动互联网时代，O2O 营销模式兴起，为不少企业带来了发展机会。在这种环境下，作为一位有远见的经营管理者，王卫义无反顾地投入移动互联网的新战场，开始了自己的 O2O 转型之路。

O2O 营销模式，又称离线商务模式，是指线上营销、线上购买带动线下经营和线下消费。当消费者因实体商城的价格而蹙眉，因线上消费的虚拟而不安时，O2O 模式脱颖而出，成为连接线上与线下的一个桥梁。

O2O 通过提供信息、打折、服务预订等方式，把线下商店的消息推送给互联网用户，从而将他们转换为自己的线下客户。最适合 O2O 模式的产业是必须到店消费的商品和服务，如餐饮、演出、健身、美容美发、电影、摄影等。那么，作为快递行业的龙头，顺丰的 O2O 之路该从何处开启？

王卫选择从高端食品行业打开突破口，打造电商网站"顺丰优选"，主营高端食品及其他物品的配送服务。

顺丰优选是顺丰推出的以全球优质、安全美食为主的网购商城，试图通过发力生鲜食品的冷门阵地，在电商混战中杀出一条血路。顺丰优选的定位是中高端市场，主要产品是生鲜和进口食品。当今时代，食品电商无疑是电商巨头们趋之若鹜的选择，竞争激烈程度不言而喻。虽然顺丰优选有顺丰这样雄厚的背景，但未来的路并不好走。

　　随着网购的普及以及消费者网购能力的提升，许多消费者为了节省实地选购生鲜食品的时间，希望能够直接上网购买生鲜食品。有需求就有市场，顺丰优选应运而生。为了找到最精准的客户群，王卫选择与国内第一家美食互动社区豆果网进行全方位合作。

　　豆果网作为发现、分享、交流美食经验的网络平台，吸引了大量用户注册。其中绝大多数用户是美食爱好者，对食材品质的要求较平常人更高，这正好符合顺丰优选经营"高端食材"的理念。豆果网用户可以通过顺丰优选直接购买食材。对于顺丰优选来说，豆果网的用户不仅需求明晰，而且大多用户对价格的敏感度很低。顺丰优选与豆果网合作，获得的不仅仅是用户群体。同时它还利用豆果网超过 6 万种食材的数据库，丰富了顺丰优选的生鲜食品种类，扩大了顺丰优选的经营范围，能够更好地满足用户的需求，为用户带来更美妙的购物体验。

　　作为全国最先启动全网布局的生鲜电商平台，在不到三年的时间里，顺丰优选不断升级商业模式。同时，从顺丰的战略也能看出王卫的做事风格：稳扎稳打、环环相扣、步步为营。总之，顺丰的发展战略和整合措施蕴含着重大的战略意图，但这不过是接下来将要揭开的顺丰 O2O 战略布局的冰山一角。

2　攻克冷链难关，打通 O2O 的最后"管道"

随着互联网的不断发展，O2O 已逐渐成为中国公认的电商未来形态之一。传统的互联网巨头，争相在这一领域扬帆起航：腾讯投资高朋网布局团购，微信二维码是典型的 O2O 应用；阿里手机淘宝推出同城平台，高调投资高德地图 2.94 亿美元……

与此同时，传统企业也纷纷"触电"：苏宁电商更名"苏宁云商"，以"连锁店＋电商平台"的模式叫板京东；品胜上线惠源提，首创"双向 O2O"模式。

众多企业都在 O2O 之路上探索。王卫虽是一个典型的"70 后"，却不甘在这股潮流中示弱。早在 O2O 刚在国内兴起的时候，他已经开始布局顺丰的O2O模式，跨界冷链是其中不可或缺的一环。

2014年9月25日，顺丰集团正式推出新品牌"顺丰冷运"，剑指生鲜食品配送市场。"顺丰冷运"是在整合顺丰现有电商、物流、门店等资源的基础上，为生鲜食品行业客户提供冷运仓储、生鲜食品销售、冷运宅配、冷运干线、供应链金融等一站式解决方案。其针对的客户包括食品企业、餐饮企业、生鲜食材市场、生鲜电商等。通过顺丰冷运服务，岭南的荔枝可以在一天内直达北京消费者的餐桌上。

以生鲜为例，顺丰冷运模式对入库的生鲜包裹外加温控措施，借助冰袋、温控箱、保温袋等温控设备，实现全程冷链，同时全程为"生鲜速配"快件开设绿色通道。因为从原产地就加入温控设备，这就保证了商品的新鲜。又因为产地直供的产品不须入库，直接使用顺丰航空运输，这就保证了速度更快。虽然配送范围更广，但在全国范围内实现配送并不是难题，因为速度可以抵消一部分运输损耗。

目前生鲜电商市场打得火热，除了顺丰冷运，包括天猫、京东等在内的大型综合电商平台，也纷纷参与到生鲜电商这一大市场。对于电商而言，冷运板块究竟意义何在？顺丰想依托它做些什么？

在顺丰的O2O版图上，冷运一直以来都是极其重要的战略业务。中国的综合冷链流通率仅为19%左右，而美日等发达国家的综合冷链流通率已超过90%。同时，中国的冷链物流企业小而分散，服务质量难以保证，成本居高不下，然而王卫认为机会就蕴藏在落后的现状中。王卫希望在三到五年之内品牌、质量都做到全国第一，这是他为顺丰冷运定下的目标。

考虑到生鲜类食品的保存与运输等问题，从产品加工、贮藏、运输、分销和零售，到送达消费者手中的整个过程中，每一个环节都要始终处于产品所需的低温环境下，以保证食品质量安全，减少损耗。这样一来，所需要的成本就大大增加了。冷运企业需要解决难题不仅包括置办冷柜和冷藏车，还要在技术上克服因频繁开关门出现的车内温度波动问题。

目前中国的冷链集中度非常低，根本原因是冷运比常温运输总体成本高3~5倍，属于专业性较强、国家标准比较严格、投入比较大的行业，一般企业很难参与。中国第一大冷链企业，一年也只有十几亿元的销售额。按以往的操作案例，进攻冷链环节物流公司，大多以巨亏告退，就算是重整旗鼓也是虎头蛇尾。

由此可以看出，并不是谁想做冷链物流就可以做的。要做好冷链，需要付出更多的努力。顺丰选择做冷链时，就受到了很多人的质疑，但顺丰坚持做了下来。经过一段时间的运营，顺丰的冷链配送已初具规模。但营业额相比投入成本，可以说是九牛一毛。对于这种现象，王卫表现得非常淡定。

在市场仍以价格竞争为中心的初级阶段，自然要有一大笔投入无法收回，这就必然导致一大批有志于做冷链物流的企业因为资金链断裂而退出市场，这恰恰是顺丰冷运崛起的有利因素。

通常来说，一个4000平方米的冷库，至少要投入人民币2000万元。由于成本高昂，不少物流企业建了多个仓库后，没有能力继续搭建落地配套服务，运输的服务质量都受到了严重影响。早在2012年5月31日，顺丰优选上线之初，顺丰速运便已开始在冷链物流领域布局。

凭借在物流领域的网络基础和运营经验，顺丰于2013年12月正式成立食品供应链事业部，随后逐渐推出仓干配销一体化的行业解决方案。2014年9月，正式启动集冷运存储和中转功能于一身的顺丰厦门和上海冷库，展开城际化的一段式全程冷运服务。2014年年底，顺丰建成并启用包括北京、广州、武汉、深圳、成都等地 B2C 冷库 10 座，成为中国拥有 B2C 冷库最多的企业。

总体来看，食品电商 O2O 转型的核心竞争力不外乎食材、物流以及线下门店。这些道理说起来很容易，真正做到却是一件难事。通过顺丰优选，顺丰从全世界范围内为消费者提供最优质的食材。虽然顺丰优选与顺丰冷运已经拆分为两家公司，但根本上属于"一母同胞"，两家公司的相互配合仍为顺丰优选提供了生鲜物流的保障。接下来王卫需要考虑的事情，便是如何打通 O2O 的"最后一公里"，将生鲜食品放进消费者的菜篮子里。

3 "E 商圈""加码"，解决"最后一公里"

完成长途跋涉的最后一段距离叫作"最后一公里"，旨在给人希望和积极的促进，所以也常被引申为"一件事情完成到最后的关键时刻"，"最后的关键时刻"基本都艰难无比。

在通信行业，"最后一公里"指通信公司在小区铺设好线路到小区入户之间的那段距离；在农副产品方面，指农民种植或养殖后的产品经过"加工"到达百姓餐桌的那段距离……在快递行业，"最后一公里"通常指包裹经过出仓、运输的过程，最后通过快递员送到客户手里的这段距离。

2011 年 9 月 9 日，上海成功举办了"中小企业电子商务应用普及工程"活动，与这个由中国电子商务协会举办的"工程"同时期面世的还有顺丰"E商圈",它也是中国第一个电子商务分销平台。

简单地说,中国电商分销平台就是为分销商提供一个通过分销产品获利的电商网站,即网上商城。在这个平台上,分销商提供产品,客户在平台上选购商品并完成交易,分销商获得利润。这样一个平台,不仅为消费者排解了对商品品牌、质量、价格及信誉度的"不放心",还帮助分销商实现一站式登录、全网选购、在线支付等全套服务环节。

顺丰"E商圈"作为国内第一个电商分销平台,所提供的服务倾向于本地化,其区域性的合作伙伴,都是中国传统品牌的商家,这些商家品牌知名度好、信誉高且多年经营积累了一定的忠实客户群,这样更会促进电商分销获得满意的利润。"E商圈"在商业模式规划上突出"企业独立电商平台 + 第三方网点 + 网络分销"三点三线、缺一不可的商业运作模式。

在几何图形中,最坚固的结构莫过于等边三角形,而顺丰"E商圈"的商业模式,恰好将3个关键制高点点点相连,构成最坚固的"快递 + 电商"的商业运营模式。这种商业模式,一方面为传统企业建立自身平台提供了相对完善的指导和帮助,为企业的商铺和分销渠道缩短了距离;另一方面,对于广大网店群体而言,平台也为其提供了品质更高、信誉更好的商品货源。

"中小企业电子商务应用普及工程"的承办方,上海柏恩信息技术有限公司的总经理孙景岐先生介绍:"对于传统企业做B2C来说,选择入驻淘宝商城等第三方平台是一个不错的短期解决方案,但对于企业电子商务的长远战略发展而言,建设独立的垂直B2C平台将是最为核心的转型方向,策略上可以选择以发展网上渠道分销作为突破口,构建自己的电子商务生态圈。'E商圈'模式不仅仅在帮助传统企业快速获得电子商务分销资源,降低企业投入电子商务成本方面有独到之处,更重要的是,将柏恩多年来为近千家企业提供运营推广服务的经验和积累导入区域的合作伙伴，协助伙伴构建本地化的服务优势，真正为传统企业提供电子商务规划、平台建设、内容建设、运营推广、分销、仓储、物流、支付等全程化的电子商务应用服务，从根本上解决传统企业电子商务的'最后一公里'的问题。"

孙景岐先生对顺丰"E 商圈"给予厚望和极佳的肯定。他也相信，中国电商分销平台的强大优势，正是吸引顺丰以及更多快递物流追寻的多元化进程突破口。

作为这个平台的合作商家，只要投入少量资金就可以拥有一套属于自己域名的分销商城，而其他诸如服务器提供、技术支持和系统升级等服务，则全部由平台提供。此外与平台合作的商家根本无须考虑进货、销售、发货、售后等一系列烦琐的服务环节，只要经营好、推广好自己的网站就足够了。对于合作商而言，这的确是最为省心的创业平台。在运作网站的性质上，该平台也是巧妙、灵活的。合作商不用每天"坐班"，专兼职经营均可，毕竟就创业本身来说，总要给自己找一个最舒服的方式。除此之外，中国电商市场大、前景广，足够大的发展空间定不会让合作商"吃亏"。作为分销商，经营网站的时间越长，积累的客户资源就越多，自己的网站价值就越高，财富也就像滚雪球一样越来越丰厚。

同时，在未来的电商领域，其发展势头不会局限于某一个平台，资源、信息及与产业链合作商之间的"整合之道"才是发展方向。

电商作为目前及未来的零售渠道最重要的选择，自身也具备多元化的特点，也就是说，这是一道"多项的单选题"。比如淘宝、京东、当当网等第三方电子商务平台，比如李宁、百丽等品牌自建的独立 B2C 平台。要想在电商市场分得一杯羹，就一定要谨慎选择。

基于此，一些企业家认为，"加盟"第三方电商平台是省时、省力、省心的运营模式，但"省心"的同时，在这样相对主流的第三方平台上运营自己的项目，恐怕对产品价格和客户资料都没有发言权，这个选择或许在短期内对创业者来说是便捷的，但从长远来看发展相对滞后。如果选择自己搭建的平台，那么在知名度、流量、收益等切身利益方面又要面临极大的挑战。

因此有人认为，快递的"最后一公里"或成为企业发展的一大瓶颈！

从网购评价来看，除了消费者对商品及客服服务的评价之外，还有对快递物流的评价。因此在网购的整个环节中，快递的"最后一公里"至关重要。可就是这最重要的"一公里"，目前有着解决不完的问题。

首先，如果快递员多次将包裹送到消费者的收件目的地，而消费者又恰巧多次没有成功收件，且没有第三方代收快递点，那么快递员在该次物件送上门的服务中就会额外收取增值服务费，简单的理解就是"跑腿费"。

其次，即使有第三方代收快递的"小店"，如果出现包裹损坏或内物丢失问题，各方都很难撇清责任。因为此类事件频繁发生，快递员是在代收确认的情况下完成最后工作的，而电商也是在出仓时严格审核过的，这在"最后一公里"发生的蹊跷事情，应该由谁来"埋单"呢？

除此之外，还有很多问题是网民们时常遇到的。比如，由于地理位置"偏僻"导致快递员不能将包裹投递上门，比如由于物业、便利店等代收快递件的网点的疏忽导致的延误收件等，都在潜移默化地阻碍"最后一公里"各项指标的达成。当然，我们始终相信，顺丰"E商圈"的诞生会有效地解决上述问题的发生，或者说将"大事化小，小事化了"。这是业界内外对顺丰"E商圈"最大的肯定和希望，它将有望带动整个社会的进步。

4　拓展农村物流，谋划 O2O 新格局

随着网络的普及，越来越多的农民开始热衷网购。他们平日或是出门打工，或是在田间劳作，回家后照顾家人，很少有时间逛街。网络的普及给他们带来了便利，使他们能够抽空在家里坐着"逛商场"，享受网络带来的现代购物便利。

2014 年，中国中西部地区以及三、四线城市网购需求迅猛增长，电商零售增速在国内三、四线以下地区达到 60%，远高于传统网购消费主力一、二线城市 40%的增速。与农村网购红火的形势相比，现实中有很多事情无法落实到位，比如一些农村物流和配送服务不到位，网购的商品很难及时送达农民手中。

农村不但是快递的收件方，也是快递的发件方。顺丰优选的生鲜食品，有一大部分来自全国农村的田间地头。如果无法及时将采摘下的新鲜食品送到消费者手中，顺丰优选便会失去消费者的口碑，这甚至对顺丰的整体品牌产生负面影响。这也意味着，王卫要想实现顺丰的全国性O2O战略布局，便无法绕过广大农村市场，物流在其中起着至关重要的作用。

为了顺丰O2O的全国布局，王卫决定带领整个顺丰走"城市转战农村"的路线。自2014年4月起，占领一线城市多年的顺丰，进入一个与其传统形象截然相反的新领域——农村市场。没错，王卫决定在农村开辟新的战场了。

2014年4月，顺丰内部设立了专项扶持基金，鼓励顺丰内部员工到华中、华西、华北的三四线以下乡镇地区开设代理站点，并已进入代理商资质审核以及员工培训阶段。这标志着一直以"直营""商务"为显著标签的顺丰速运，也将以代理模式大面积拓展乡镇市场。

从全国范围来看，顺丰的"农村战略"无疑与嘿客便利店相辅相成，互为犄角。王卫不仅用铺天盖地的嘿客便利店在经济较发达地区抢占电商O2O线下市场，同时通过代理模式，推进经济欠发达的三、四线城市以及乡镇地区和农村的O2O融合。

一个必须面对的事实是，虽然三四线城市的物流市场整体蛋糕存量巨大，但受限于交通公司规模、硬件设施、公司规模、人力成本等条件，这一蛋糕已经被两千多个县级市分割成了一个个小的板块，每个板块的物流蛋糕并不大。

同时，EMS以及"四通一达"比顺丰更早布局农村市场，并且已经具有一定的覆盖率。昔日以直营、项目物流为主的宅急送，也已全面开放地县级加盟。面对众多强有力的竞争对手以及不断升级的市场竞争，顺丰若想取得后进优势，就必须在服务上下大工夫，并在资费方面做出一定的让步。

另外，用直营模式进军农村市场，成本和价格会完全倒挂，在农村布局范围越大，越容易亏损。开放加盟和代理以后，网络覆盖面临的深度和广度问题都能得到解决，甚至连成本都可能降低。但开放加盟或代理，同样会遇到管理不便以及各网点服务标准不一等问题。

为了解决以上难题，王卫可谓煞费苦心。为了保证顺丰的品牌和口碑，王卫声称，即使是农村市场，无论是在服务还是价格方面，网点将会保证"顺丰标准"，代理网点只能专营顺丰业务。

为了保证"血统"纯正，维护顺丰的品牌形象，此次开放代理，顺丰更偏向于"内部消化"，通过鼓励内部员工到农村建立网点的方式，保证顺丰的服务质量。

除了在资质审核时保持慎重的态度，顺丰还要保障代理网点的操作规范，不管是软件还是硬件，都将统一到顺丰的管理体系，实时追踪收派件情况。同时，对于高价值、月结等服务，将由顺丰直接提供。此外，为了保证网点的科学性和合理性，顺丰还对农村网点的交通状况、业务密度、地理环境、消费水平、当地市场等客观条件进行了评估。

不可否认，在移动互联网领域，顺丰缺乏先天基因。作为一家传统企业，顺丰是成功的，也是优秀的，在各方面都具有典型的传统性：庞大而众多的线下实体店，悠久的发展历程，数以万计的团队规模，军事化管理的企业制度以及严格的执行力等，然而这都与互联网公司的要求——"小而美"背道而驰。

这样一家优秀的传统企业要想向移动互联网领域转型，不是一天两天就能成功的。物流企业是电子商务下游产业，在向上游扩展方面，顺丰具有先天优势，布局农村物流，无疑是王卫在顺丰转型大局中的重要一步。

在创建了线上选购平台顺丰优选和线下体验平台嘿客便利店的同时，王卫利用跨界冷链和农村物流，成功打通了O2O的"最后一公里"。传统速运巨头顺丰离实现完整的O2O闭环仅有一步之遥，那就是通过互联网金融平台，实现随时随地的线上支付与金融服务。

谋定而后动，是成大事者的共同品质，王卫自然不会遗忘互联网金融这一全新战场。

5　进军移动互联网，搭建 O2O 新天地

从2012 年至今，中国企业面临着扑面而来的机会与问题。如果企业家有史蒂夫·乔布斯、马克·扎克伯格那样的机会，就可以在一片荒原上建立起商业帝国。移动互联网是一个广阔的市场，足以支撑企业家的种种雄心。

作为一位时刻保持警惕性的卓越企业家，王卫带着焦虑与雄心，义无反顾地投入到移动互联网的新战场，开始了自己的 O2O 转型之路。

C2C 模式日渐式微，B2C 市场逐渐饱和，O2O 模式悄然兴起。"百团大战"过后，吹响的是 O2O 大战的号角。实体商场的价格吓走了消费者，网上商城的安全性令人担忧，这个时候 O2O 模式横空出世，将线上线

下连接起来。虽然线上线下之间存在鸿沟，但O2O存在的意义就是填埋这道鸿沟。不只是线上到线下（Online to Offline）是O2O，线下到线上（Offline to Online）也是O2O。不只是服务要线下，产品也要在线下建立体验店，顺丰建立嘿客便利店便是先例。

如果将顺丰物流视作线下网格，嘿客便利店就是中转服务站。王卫要想彻底打通顺丰的O2O网络，将线上线下融会贯通，仅靠一个顺丰优选是远远不够的。这是顺丰向移动互联转型的重要一役，一旦打通，将完成大数据的获取和整合，形成完整的O2O闭环。

2013年10月22日，顺丰以其一贯的低调作风，悄然上线了P2P电商平台，起名"顺丰分享"，旨在打造一个二手闲置物品交易平台。在其首页醒目位置，顺丰将此平台明确定位为"闲置物品交流互助的公益平台"，而不仅仅是一个"二手物品买卖平台"。

从展示页面来看，"顺丰分享"支持的分享类目包括玩具、数码、服装、鞋帽、箱包、美妆护肤、食品保健、图书音像、家电家居、母婴用品等，产品种类繁多，用户均有不同程度的参与。

"顺丰分享"引入了信用机制，用户恶意分享或者恶意申请，都会遭到举报。一经举报永久封号，同时"顺丰分享"还引入了分享豆的概念，用户在应用里分享，参与得越多，得到的分享豆就越多。分享豆可以兑换相应的顺丰服务，比如快递免单、打折等服务。

对于用户选择的物品寄递方式，顺丰完全不干涉。在这个过程中，顺丰依然扮演"搬运工"的角色。收件人可以选择让顺丰送货上门，也可以选择在附近的顺丰自提点自行取货。顺丰收取的运费，可由两端的用户商定由哪一方支付。

此外，为了应对各种突发灾害，"顺丰分享"还支持公益捐赠，推出在线募捐功能。

作为打通顺丰 O2O 闭环的重要平台，"顺丰分享"最大的与众不同是建立在闲置物品交流互助之上的社交功能，该功能在分享者与申请者之间搭建起一座可以实现点对点连接与互动的桥梁。

"顺丰分享"平台从二手货交易和信息分享的社交角度切入，有效地实现了线上线下用户行为的对接。顺丰分享背后隐藏的雄心不可小觑。

根据王卫所说的"打造物流领域的百货公司"的愿景，顺丰分享项目的布局，将实现"顺丰速运＋顺丰优选＋顺丰移动端＋互联网金融＋社区 O2O 服务平台（顺丰嘿客）＋农村物流"全线整合，顺丰分享背后的平台、物流和金融资源也将逐渐向社会开放。这种多元化的经营策略，能够让顺丰突破快递业务的限制，灵活自如地游走于零售、电商、社区之间。

对于一个传统行业的明星企业来说，任何举动都会成为媒体人关注的焦点。作为顺丰 O2O 行动的一次尝试，外界一直没有停止对顺丰分享的质疑。业界人士评论，此举是场前途不明的赌博，"分享平台提供的二手交换，并不算是国人的正常需求。可以预计的是，未来很长一段时间内，分享平台对顺丰核心业务的促进作用不明显。"另外，中国目前还没有专门针对闲置物品交易的法律条款，所以顺丰必须要面对如何保障交易双方的权益以及监管交易合法性的问题。

目前，对于庞大的顺丰帝国来说，闲置物品二手交易给顺丰带来的快递单量，犹如九牛一毛，但围绕闲置物品建立起来的社交需求，才是未来顺丰抢占的制高点，这也正是王卫的用心所在。

在移动互联网大潮之下，用户为王的时代已经到来。社交平台带来的用户资源，能产生高度的品牌黏合度，也暗含巨大的消费潜力。

王卫和他的顺丰分享或许还有很长的路要走,但好在今天的一代已经不再是成王败寇的功利主义者了,对他们来说,探索的过程便是最大的回报。

6　大数据时代，谋的是差异化

物流巨头顺丰已经着手布局线下门店，打造数千家店面不仅承载顺丰速递的门店功能，还可以进行商品预购及其他本地生活服务，表面上看，这基本上就是 O2O 的服务内容，顺丰的目的是进军国内 O2O 领域。随着互联网的重心逐步向着移动互联转移，各种新型智能移动设备的迅速普及，海量数据时代已经全面到来，顺丰在这时候选择走便利店之路，想谋的就是差异化。

有人认为快递业大佬跨界开设实体便利店与其老本行相距甚远，但从为消费者提供的服务看，实际上这些便利店就是顺丰的线下实体店，是顺丰自我推广的一次尝试。实际上这并不是顺丰第一次在便利店领域试水,顺丰速运早在几年前就开始在便利店试水了,虽然当时的尝试并没有取得多大的进展,但是意志坚定的顺丰并没有就此放弃,而是在几年的卧薪尝胆后再一次卷土重来,誓要在此领域上闯出一片天地。

就在外界在纷纷猜测顺丰此举的用意时,顺丰方面给了回答:开设门店并非意在便利店,最根本的目的在于试水收发站模式。顺丰给出的解释倒是不难理解,快递行业送货到家的服务需要耗费不少人力和运营成本,顺丰在这方面一直都是打服务和速度的王牌,可以想象顺丰为此而付出的成本一定不是小数目。而现在顺丰在各社区有了自己的收发站后就可以定点配送,无须再送货到门,这必将在一定程度上降低企业的营运成本。

当然,也有人不愿意听信顺丰的一面之词,认为顺丰两度试水便利店,最终目的绝对不是为了建立一个收发站这么简单。

回顾顺丰这些年的崛起之略,很容易发现,在行业里一直都表现得极其低调的顺丰,长久以来都在走一条高质优质道路,这一模式明显区别于"四通一达"的大众低端市场,而顺丰也正是靠着这种本质上的差异才做出了今天如此傲人的成绩。然而,高端物流市场在为顺丰带来丰厚收益的同时,也令顺丰失去了很多电商订单。因此,顺丰如果想要从"四通一达"手中抢到更多的订单,就必须利用好差异化服务这一竞争手段。实际上,顺丰早就开始在电商领域为自己争取更多的物流份额了,如自建顺丰优选、与第三方电商展开合作等。

"最后一公里"问题一直都是困扰着物流行业的共同难题。由于"最后一公里"的配送过程,涉及成本、隐私、管理等多重问题,所以快递行业一直无不希望能够突破这一难题。尽管不少快递企业以及各大电商都在积极探索,但谁都没有拿出一个能够从根本上解决问题的可行性方案。顺丰也在一直朝着这一方向努力，但是一直收效甚微。

因此，如果顺丰能够率先解决电商订单与物流"最后一公里"这两大问题，那么就将意味着可让自己在行业里具备更多的竞争优势。"嘿客"的出现就是王卫通过便利店的差异化营销增加自己竞争优势的另一步棋。他知道，未来的商业一定会实现线上线下相互融合，便利店无疑是一个最接近消费者的窗口，是开在消费者家门口的网店。只要嘿客能够在未来帮助顺丰打通 O2O 环节，那么顺丰就很有可能会得到资本市场的青睐。而这或许才是王卫这步棋的真正意图。

但是差异化就代表着风险化，顺丰第一次试水的失败就已经表明这条路并不好走。虽然便利店的模式在海外已经趋成熟，但是国内仍然处于探索实践阶段，将来会遇到何种风险，谁都不得而知。

所以，顺丰社区门店未来依然吉凶难料，王卫能否凭借着自身在物流行业积累的多年实战经验成功占领 O2O 领域的高地，前面还有很多考验正等着他去挑战。

第九章

顺丰"联姻"金融：做物流业的跨界大咖

"做金融"的概念，准确来讲，应该是顺丰将快递物流服务的触角延伸至专业的金融机构当中。

——顺丰金融事业部总裁　王立顺

1　拓展商业版图，互联网金融布奇兵

中国商业发展至今，移动互联网正席卷国计民生的每一个领域，没有人能不被这张"网"网住。当市场以前所未有的开放态度迎接互联网公司"搅局"时，旧有版图的大佬们纷纷开始了转型之路。转型或许会出现水土不服，但不转型可能只有死路一条，快递行业也是如此。

王卫从不是一个固守金饭碗的守财奴，在他的率领下，顺丰开始将触角伸向新兴的互联网领域。这时，人们已经无法简单地将顺丰定义为一家传统的快递公司、物流公司，它甚至切入了电商和金融领域。

2010 年 7 月，"顺丰 E 商圈"低调投入运营，同时推出配套支付工具"顺丰宝"。此后，顺丰陆续注册了"顺丰支付""顺丰银行"等金融类域名。

2011年12月,"顺丰宝"正式获得央行颁发的第三方支付牌照,有效期至2016年12月21日,其支付业务由深圳市泰海网络科技服务有限公司承担,而泰海投资99%的股权归王卫所有。在取得"顺丰宝"支付牌照的同时,顺丰又成立了"顺银金融"平台金融交易部门。

王卫不愧是一个资源整合的高手,为了这盘棋,他充分调配顺丰既有的人力、物力资源,除了以顺银金融为平台的金融交易部门,还于2013年年底,专门成立了垂直金融服务部门——顺丰速运金融保险服务事业部,这意味着顺丰有了两大主打金融业服务的事业部。

2014年7月,顺丰的金融平台——顺银金融,正式获得央行发放的银行卡收单牌照,这说明在整体金融交易业务上,顺丰又前进了一步。同时,结合自身快递服务,针对银行和保险机构,顺丰加速在垂直金融服务领域布局,在服务和交易两方面进军金融业。

顺银金融所获得的"银行卡收单业务",是指银行和非金融机构等收单机构通过受理终端为特约商户提供的受理银行卡(包括信用卡),并完成相关资金结算的服务。一般情况下,第三方机构涉足的收单业务,主要是通过收单、做大规模、在银行与商户之间"吃"价差运营。

对此,顺丰速运内部高管透露:"虽然获得了两大第三方支付牌照保障,但顺丰的金融交易业务主要是纯粹做内部服务,是一个整合升级集约化功能系统的工具。而银行卡收单则主要瞄准顺丰的客户,尤其是为合作的电商企业提供支付、供应链融资等服务。目前这一针对内部支付业务的工具正在加速整合,两三年内不会对外。"

虽然顺丰在互联网金融交易领域攻城拔寨,但王卫不改低调本色,对外宣称顺丰的金融交易业务纯粹是在做内部服务,不会对传统的金融业产生较大冲击。当然，这只是王卫的一家之言，标准的"此地无银三百两"。如果顺丰金融交易业务发展顺利，手握两大第三方支付牌照的顺丰，将会威胁到电商巨头阿里巴巴和京东，甚至威胁到整个电商行业产生。毕竟在竞争越来越激烈的第三方支付市场，没人敢看低牌照的能量。有了牌照，未来顺丰可以随时发力对外支付等金融业务。

互联网金融对每一个有志于此的企业而言，都是一个全新的市场，也是一盘事关企业未来发展的大棋局，赌的是未来十年、二十年的商业回报，比的是博弈者的格局与耐心。

王卫非常重视互联网保险的巨大市场潜力，这是一个规模超过291亿元、近3年总体增幅高达810%的新兴行业，具有无限的想象空间。如果找到正确的切入点，未来将成为顺丰的又一个利润爆发点。

顺丰速运在金融保险这个细分领域的第一次业务尝试是保险业的保单配送。早在2012年，顺丰就成立了项目组，在一些地区提供保单配送服务，直到2014年7月才开展银行业务。

顺丰集团专门开发了一套系统与保险公司对接，以保证在派送保单过程中的各个环节，都能及时准确地把信息反馈给保险公司。如果客户出现了任何异常状况，顺丰也会及时反馈给保险公司，以便保险公司能够及时应对。

互联网金融的兴起和交易的激增，对保险产品和票据市场的服务提出了更高的要求。但简单的派送仍然是快递公司的主营业务，这已经不适应互联网金融的需要。顺丰之所以得到进入、整合市场的机会，与金融保险业配送服务市场的分散程度很高有很大的关系。不管是自身的品牌效应、团队素质、递送质量，还是其在国内市场上编织出的庞大细密的快递网络，都使得顺丰速运对拿下这个市场颇有信心。

对顺丰速运来说，成立金融保险服务事业部仅仅是一个开端，随着顺丰速运自身实力的不断增强，随着国内各个产业分工的不断细化，顺丰在各个产业中的渗透力都必将越来越强。

王卫具有极强的前瞻性思维，他很早就将保险业务确定为顺丰金融保险事业部总体业务的重中之重。截至 2014 年 11 月，顺丰保险业务已发展 3 年，业务模式日趋成熟。

顺丰从来不曾一个人战斗，它与中国平安、阳光保险、中美大都会、人保公司、太平洋保险等多家保险公司展开全面的业务合作，开展了车险和寿险领域的保单专送业务。顺丰不但提供派送服务，还提供一系列增值服务，如拍照验证、保单管理等，不断提高客户的末端服务体验。

顺丰金融保险服务事业部总裁王立顺，对此项服务有独到的见解。

顺丰绝不仅仅负责保单派送，还负责签字收钱。如果客户有异议或拒签，我们还要及时将订单信息反馈给保险公司，保险公司会根据我们提供的信息对客户做出解释，以此来促进保单销售的完成。

金融业互联网化的发展趋势，也给快递企业带来了机会。我们能做的就是做好金融业的服务外包工作，满足互联网金融行业的终端需求，将保单的物流配送服务放到保险产品里做整合设计。

顺丰还专门开发了新系统，以便全面对接保险公司保单系统，解决保单批量出单、单号管理中可能出现的各种问题，满足保险企业个性化的外包需求，提升客户满意度。

虽然顺丰保险业务的规模和市场拓展还尚显稚嫩，但王卫非常重视这项业务，因此顺丰的精兵强将、人力物力都不断汇聚于此。借此东风，顺丰于 2014 年 7 月正式推出了银行业专属的物流服务产品——"汇票专送"，为一些银行白金卡用户提供直接配送服务。

汇票实物传递向来都是银行业的物流需求之一。按照王卫的说法："银行动辄就是几万亿元的单子，总会产生一些凭证类的单据。"因此，这是物流企业的机会。正是金融行业不同领域的细分需求，给顺丰带来了新的市场机会。

面对传统金融领域的巨大蛋糕，王卫毫无顾忌地将自己的刀叉伸到了传统银行的盘子中。除此之外，顺丰还在"嘿客"店中设置了 ATM 业务，以独特的方式让顺丰的金融服务落到实处。这种更接近供应链端的金融侵略，让传统金融行业难以招架。

当顺丰以一种蚕食鲸吞的方式，一步步将传统商业客户的支付和金融服务俘获之后，王卫便有了充分的能力将旗下的速递业务、代收货款业务等全部整合到自己的金融业务运营中，使顺丰的商业版图无限扩大。

从根本上说，O2O 实际上是用互联网思维改造传统行业，而在线支付和线下体验正是 O2O 模式的关键所在。顺丰拥有国内最杰出物流配送仓储能力、庞大线下门店、强大扩张能量及意愿（包括线下和线上），几乎所有 O2O 成功企业的特质它都具备了。

O2O 新秀顺丰，正以一种疾风骤雨之势，将金融领域的"前浪"狠狠地拍到了沙滩上。顺丰快递与顺丰优选、顺丰嘿客、顺丰金融等业务真正实现融合之日，顺丰的威力将再次大增，引起新一轮的业界海啸。

2 移动互联网终端：开启个性化消费时代

移动互联网终端设备作为近些年来的新兴事物，在短短半年时间里就红遍全球，风靡各大卖场。其发展之迅速令人匪夷所思，但细想一下又仿佛是在情理之中。探其根本原因，像上网本、智能手机、智能导航仪等实用的移动互联网终端，除了能够满足人们对便携和随时上网的需求外，另外还有一个重要的原因——超高的性价比。在世界金融风暴的阴影下，奢华已不再是人们竞相追求的生活方式，简单、实用才是硬道理。

在当今时代，移动互联网终端已经成为移动互联网发展的重中之重。在移动互联网发展的时代趋势的推动下，个性化消费时代随之而来。于是在各行各业出现了移动互联网终端的影子，移动互联网的发展紧紧围绕用户需求，为用户提供全方位的服务和体验，逐渐呈现出终端与服务一体化的发展模式。

2010 年，国际通信展的一大亮点就是移动互联网终端。作为通信行业发展的"标杆"，在 2010 年中国国际信息通信展览会上，来自世界各地的厂商纷纷展出了多样的手机产品、通信技术以及新型的平板电脑、电子书等移动互联网终端。游走在其中，个性化产品应接不暇。

随后，移动互联网终端便开始了爆发性的增长，发展之快令人咋舌。目前，中国的移动终端产能已位居世界第一，中国的移动互联网用户正爆发出无比巨大的发展潜力，成为拉动中国互联网用户规模攀升的主要动力。

在移动互联网作用下，市场的长尾效应变得更加明显，并得到进一步延伸，随之而来的是个性化消费的深耕年代。尽管手机在最初只是作为个人用品出现的，但是随着后期手机功能的不断革新，加之手机 24 小时随身携带的特性，手机最初的媒介属性价值正在降低，而生活属性价值不断攀高。不仅如此，现在智能手机中的应用随时都有可能带来更具用户黏性的业务应用。

如果说个性化消费是当今消费方式的发展趋势，那么在这个科技决定一切的时代，一个企业要想独占市场鳌头，必然要从科技入手，打入个性化消费市场。眼下顺丰在科技领域一直都遥遥领先于同行业的竞争对手，并率先打开了个性化的消费模式。

在 QQ 独占社交平台多年以后，微信随之开始霸占手机终端上的社交平台，微信的成功与其老大哥 QQ 一样，都致力为用户提供最优质的社交平台。在近几年的飞速发展中，微信的影响力不断扩大，拥有了数以亿计的用户,这也让其成为了 iOS 与安卓两大主流手机平台最热门的社交软件。现在顺丰速运也看准了一个全新的消费方式,开始与其联手,在微信平台中推出了自己的服务账号。顺丰的这一举措对于喜欢尝试新鲜事物的年轻人来说,无疑又多了一个好玩且方便的快递业务办理平台,而这对于顺丰来说,只是其迈入个性化消费时代的第一步而已。

只要打开手机关注"顺丰速运"公众号,就能够随时随地下单,想怎么逛就怎么逛,整个过程快速而便捷。顺丰在微信服务中为用户提供了电子运单,顺丰的微信用户只需要通过微信公众号就可以下单,无须手填收寄双方的信息。为了配合该项服务,顺丰为每一位配送员都配备了便携打印机,在收件时就会把电子运单打印出来给用户,为用户省去了很多不必要的麻烦。在快件的运送过程中,用户还会及时收到递送信息,掌握快件的整个运送过程。

自从顺丰速运与微信展开合作,在平台上推出了微信公众号以来,来自微信端的用户就不断攀升,每天在公众号上查询的用户有数十万。据顺丰的统计数据显示,每天都会有 30 万单快件通过公众号下单,而这个数字还在不断增长中。顺丰微信之所以会受到用户的欢迎,是因为顺丰确实做到了为用户考虑。

在没有开通微信公众服务号之前,如果用户想用顺丰寄快递,首先要告知客服中心寄件地址,随后等待收货员上门取件,然后亲自填写运单,只有完成这些流程后,一份快件才能够正式开始投递。在这样一个烦琐的过程中,顺丰方面不仅需要投入不少人力和物力,就连用户也会觉得麻烦。自从有了微信公众服务号,多项功能性业务都可以在这一平台上得到整合,轻松实现了实时下单、查询、信息主动推送、会员管理等较为全面的移动端自助服务。除此之外,顺丰微信还支持微信支付,彻底避免了找零的麻烦，如此便捷的快运方式，自然会广受用户的欢迎。

顺丰微信服务的出现，给人们的生活带来更多的便利，也为顺丰带去了全新的营销模式。微信服务无疑是个性化消费时代的一种创新，它的出现让不同平台的使用者都可以找到最适合自己的快递业务办理方式，也许这在未来会成为一种营销趋势。顺丰只有找到最适合消费者的快递业务形式，才能够在快递这条路上越走越远，越走越宽。

随着智能手机功能的日新月异，能够在智能手机及移动平台上做的事情越来越多，这都在一定程度上改变了人们的生活方式。与此同时，移动互联网移动终端的普及，也给企业带来了新的营销方式。时代是变化着的，营销模式不是一成不变的，在变化着的市场上，只有跟得上市场变化的脚步，或者是走在市场的前面，企业才能够长久地存活下去。

3 云支付终端：释放新的消费潜力

随着近年来中国快递行业的火爆，民营企业也蜂拥而至，这就使得整个快递市场的竞争愈演愈烈。因此，一个快递企业想要更加迅速地发展，就必须要从消费者的角度出发，革新自己的业务，让消费者感到自己的独特之处，提升消费者对自己服务的满意度。众所周知，顺丰最出名的就是其独一无二的速度，而很多消费者正是因为看中了这一点才会选择顺丰快递。除此之外，顺丰的移动技术水平也为顺丰的发展提供了有力的帮助，使其在快递领域处于领先地位。

近年来顺丰又开始着手从其他的方面革新，比如支付平台的建设。所谓的移动支付平台，是指建立一个运营平台，通过网联网技术、移动通信技术、信息处理技术，将传统的金融服务安全、便捷地带给企业、个人，从而让消费者真正感受到科技带来的"随需而用"的方便，为消费者提供切实的便捷支付方式。

以手机支付平台为例，在这个平台上手机用户可以随时支付，无须为达成一项交易特意跑一趟银行。手机支付平台的产生大大地方便了消费者，也为顺丰速运的发展提供了产品优势。

1. 便捷的支付方式为顺丰的用户提供了方便的自助流程

手机平台具备实现金融服务的产品功能，如转账、查询、各种代缴等业务功能。令用户满意的支付方式，在一定程度上扩展了顺丰的商业模式，同时扩大了商户范围，从而最终形成有效的价值链。由此可见，支付方式的改变，会在其他方面产生连锁反应，从而大面积改变顺丰的服务模式。

2. 手机支付为顺丰增加了个性化的业务模式

手机支付更丰富、更直观的信息表现力，有利于客户和顺丰快递公司之间更顺畅地进行双向交流，进一步实现互动沟通，确保实现以顾客为中心的、按需定制的个性化服务。

3. 顺丰在这一平台上搭建起了更完美的产销桥梁

通过手机支付模式，顺丰得以在银行和银行客户之间建立起更加精确而又高效的沟通渠道，同时可以通过手机平台为客户传递最新的产品目录及服务种类，起到宣传推广的效果，提高顾客忠诚度。

此外，顺丰也可以通过对数据的深入挖掘研究产品的销售状况以及顾客的需求转向，从而令顺丰从根本上适应市场发展的变化。因此，综合看来移动技术平台的开发对顺丰快递的发展起到了相当重要的作用。

如果说便捷的手机支付变革将会为顺丰带来一个新的发展高峰，那么科技水平更为高端的云支付就将直接将顺丰带进一个全新的自我突破领域。

在手机支付方式出现以前，卡支付已经发展了 20 多年。随着中国银行卡的种类不断丰富、发卡数量的高速发展、支付清算效率与安全性的持续提升，卡支付在整个中国经济金融中的作用越来越重要。在业内，根据支付 POS 终端在形态与功能的变化，卡支付的发展历程被划分为三个阶段：传统 POS、传统 POS 与电话 POS 共同发展阶段，以及目前进入的行业发展的第三个阶段，即云支付发展阶段。

云支付就是基于云计算架构，依托互联网和移动互联网，以云支付终端为载体，为包括个人、家庭、商户、企业在内的客户提供以安全支付为基础的结算、金融业务、信息、电子商务、垂直行业应用、大数据等各种云服务的新一代支付模式。

目前走入人们生活中的云支付终端包括与智能手机、平板电脑配合使用的支付设备，也包括采用安卓等智能操作系统的其他智能多媒体云 POS，如拉卡拉开店宝、银联云 POS 终端等。尽管云支付终端还算是新鲜事物，但是由于其有着方便、快捷、安全等优势，相信在未来很长一段时间内将会得到进一步的拓展与更新换代。

云支付在支付市场占据很大的需求空间，越来越多的人更愿意在网上理财、网上购物、信用卡还款，云支付所占的量越来越大。越来越多的人都在利用手机终端做 APP 平台，如旅游、机票、网购等。由此可见，云支付的前景相当可观，其消费潜力是无限的。顺丰只需要朝这一个方向稳定地发展，就势必会开发出更大的消费市场。

　　顺丰所支持的手机支付平台、微信网购平台等都是基于云支付终端构建起来的新的消费模式，就目前的情况来看发展势态良好。近年来顺丰一直在移动端上发力，不管是顺丰速运 APP、微信服务号还是支付宝钱包顺丰服务窗，都力求在掌上玩转快递。正所谓科技就是生产力，顺丰朝着云支付终端方向的迈进必将释放新的消费潜力。现在的顺丰已经成功实现在快件运输过程中的每一个节点都及时上传到信息中心，顺丰的客户便可以随时随地通过手机上的顺丰速运 APP、微信服务号和支付宝服务窗组件查询快件寄送情况。但这仅仅是顺丰向前迈进的一小步，未来的顺丰还会有什么样的大动作，这些必将超越想象。

4　颠覆的时代，顺丰的下一个风口

在顺丰优选上线之前，人们提起顺丰，最先想到的就是——这是一家快递公司。可是现在呢？吃过了顺丰优选的生鲜，谁还认为顺丰还是几年前的那一家极其低调的民营快递公司？很显然，现在顺丰所做的已远远超出了之前专注快递的主营业务。今天的顺丰正在布局快递、电商、物流乃至金融领域，它的版图越来越大，边界越来越模糊，身份也越来越多元，一个颠覆传统认知的顺丰出现了。

这是一个极具颠覆意义的时代，电商自建物流，物流跨界电商。就在跨界成为眼下各大企业帝国的流行趋势下，跨界也正在成为顺丰不断开疆拓土的关键性策略。"嘿客"的出现直接拿掉了此前戴在顺丰头上的那顶名叫"物流"的土帽子，瞬间换上了一顶崭新的名叫"O2O 电商"的潮帽。

2014 年是顺丰开始自我颠覆的一年，在这一年里，它最令外界感到震惊的动作无疑是在全国火速布局线下网购服务社区店。

顺丰"嘿客"自启动以来，就在社会上引起了轩然大波。有些人认为"嘿客"设立的目的是要减少快递员，降低成本和管理难度；也有人认为"嘿客"不过是顺丰速运在做最后的挣扎罢了……显然这些猜测都站不住脚。2014 年，在胡润大中华区富豪榜上，顺丰速运的掌门人王卫已经位居第 70 名，身家达到了 240 亿元人民币。作为国内快递行业的领头羊，顺丰速运此举应该是在经营模式上进行一些新的尝试和创新。

顺丰"嘿客"便利店布局划分为两个部分：一个是必备的快递区；另一个是零售区。显然顺丰并没有放弃自己在"E 商圈"的"老本行"。

在零售区域中，顾客可以很轻松地在货架上找到洗发水、沐浴乳等日常用品，小零食和食品等小件商品。快递区域，能看到身着顺丰制服的收派员快速处理订单，接收辖区内的包裹快件。顾客可以很方便地在"嘿客"寄送快件，因为在店内的收银台旁边，有专门用来称包裹的电子秤，电子秤的边上便是一摞包裹快件的收订单据。

顾客在"嘿客"消费后，都会收到顺丰精心制作的名片，这些名片后面都印有"嘿客"提供的业务：打印、扫描文件、修订文档，等等。为了促销商品，"嘿客"还提供"购满 10 元免费送货（包含快递）上门"服务。

此外，"嘿客"还开展了购买"顺丰卡"会员业务，"顺丰卡"价值300 元，凭借此卡可以在店内刷卡购买商品或寄取快递业务，而且卡内金额消费后可以获得相应的积分，还可以享受会员优惠价格。

通过一张会员卡，王卫打破了"零售"与"快递"两个不相关业务之间的隔阂，将顾客的商品消费和快递寄送有机地融合在一起。

人们常常看到一幅有趣的画面，身穿顺丰制服的快递小伙，前一刻正在整理各类快件，等待客户来取件，下一刻就出现在社区便利店的收银台前，忙着给顾客收钱。

另外，顺丰将战略目标瞄向了具有更大战略意义的商业市场，开展了 B2B、B2C、C2B 和 O2O 电子商务模式，同时运用了包括金融、移动互联和大数据等在内的重要经营战略。用王卫的话说，下一步的战略目标，就是将顺丰打造成为物流行业的"百货公司"。

顺丰嘿客已经不仅仅是简单的便利店，而是搭上了最新鲜火热"O2O"概念的小店，愈加引人注目。尽管顺丰"嘿客"的开局并不顺利，但不少业内人士认为，顺丰很可能打造出完整的、直达社区末端的快速供应链体系，从而打通 O2O 模式的"最后一公里"。

对于企业来说，当外部环境和竞争条件发生变化时，以退为进不失为一种更好的应对方式。这次横空出世的嘿客的定位就是：作为顺丰旗下网购服务社区店，是网购一族的最潮领地，也是懒人们的生活管家，或者是社区生活的物流中心。由此可见，商品预购、网购线下体验、便民服务和快件自寄自取，都是顺丰为了其物流业务变相"揽客"的服务项目。这就是极具颠覆性的"网购虚拟实体店"。

这是互联网时代零售、物流、网络跨界融合的产物，是顺丰颠覆性的创造。可以想象，顺丰要创造超越运送货物、搜集包裹、开辟空中运输线之外的东西。至于这东西是什么，顺丰创始人王卫曾经说过，顺丰要打造"物流领域的百货公司"。

电子商务的特点是网站建设成本低，经营的商品和范围有无限空间。但电子商务距离顾客较远，为了与客户建立联系，需要高昂的推广和物流成本。与之相反的是，顺丰社区店是线上和线下资源互动的一种尝试。便利店只能满足便利的购物需求，运营成本相对较高，营业面积也比较小。不过，顺丰刚好将能够起到联通电商与客户的作用，通过便利店不仅可以解决电子商务的推广问题，同时能够借助自身的物流配送优势解决电商的物流难题。由此可见，只要能够及时地抓住市场机遇，那么其未来的发展前景一定非常广阔。

在承担为附近的社区用户提供日常生活服务的基本功能之外，其更大的作用在于顺丰将通过这种不断扩大的线下便利店，获得零售业务与电商交易之间的协同效应，并结合自身物流优势，加快社区服务产业化的步伐。

但颠覆性的东西并不一定能够长期生存下去。市场环境纷纭复杂，像顺丰这种跨界体验势必会遭遇一系列的考验，更何况目前的商业模式还不够明朗。

不少曾经光顾过顺丰社区店的人表示："进去之后感觉空空的，店里没有货柜，只有两台超大尺寸的选购下单屏幕，以及一排可供手机扫码下单的虚拟商品。如果想要买某种商品，看完详细的视频介绍后，就可以在店中央的电子屏幕上点击下单，既可以网络支付也可以付现金。不过，网购就是为了图方便，在家就能完成，完全没有必要非去店里网购，这样反倒是画蛇添足。再说了，既然都到了店里了，当然还是希望能够看到真实的商品，如果试用后认为满意再买倒也不失为一种很好的选择，没有样品可以体验，难免给人以哗众取宠的感觉，通过烧钱来争夺大众眼球的意味。"

正如上面的人的感受一样，很多消费者并不抱有希望，认为没有生意就不可能长久地维持下去。其实这也正是顺丰社区店所面临的最大挑战，现在便利店行业的盈利能力很低，多数处于亏损的状态。而新进入的通常会处于一种尴尬的状态，既难以实现盈利，又无法轻易退出。

第十章

借壳上市, 是前后矛盾
还是势在必行?

我没有条条框框，一切都回归到面临什么问题，需要什么东西。

——王卫

1 做企业不一定要上市，但要做就要有 基业长青的打算和远大愿景

2011 年 7 月，王卫在接受《人民日报》采访时说："每个人都有自己经营企业的目的，可能随着企业的发展，这个目的还会发生变化。就我个人而言，经营企业的目的可能有点理想化，不完全是为赚钱。顺丰的愿景是成为最值得信赖和尊重的公司。我们不追求行业排名，也不求一定要做到多大，而是希望我们的任何经营行为都能被社会信赖和尊重。我认为企业跟人一样，如果能有一些理想，做事的态度和结果可能会完全不同。就好像为赚钱而画画的人，同只求温饱、为追求艺术而画画的人相比，他画画的方式和最后出来的作品肯定不一样。有艺术追求，就会有执着，它会推动你不断给自己挑毛病，不断改进。所以我总觉得，

企业要想取得长远发展，还是要有一点艺术家气质。而营业额可能是水到渠成的事。"

这是王卫对顺丰的定位和态度，他做企业不仅是为了赚钱，而且是为了做好一个平台，通过平台实现自己的价值和理想。正是基于这种认识，顺丰一直坚持不上市。在王卫看来："上市的好处无非是圈钱，获得发展企业所需的资金。顺丰也缺钱，但是顺丰不能为了钱而上市。上市后，企业就变成一个赚钱的机器，每天股价的变动都牵动着企业的神经，对企业管理层的管理是不利的。"

王卫在接受《羊城晚报》采访时说：

做企业应该踏踏实实的，真正想做好企业，不一定要上市，要做基业长青的企业，就要有远大的远景，要为未来进行大胆的投入、大量的投入。成为上市公司后，你的每一笔投入，都要向股民交代，说服他们这笔投入是有利可图的，是可以在短期内获得利润的，还要有业绩出来，这个我恐怕做不到，我真的没有办法保证对未来的战略性投入有立竿见影的效果，更不能保证我不会失败，这也违背了我做企业的精神。

同时，国内快递行业面临着国际四大快递巨头的竞争，一旦上市的话，就要信息披露，企业就要变得透明，这样将不利于我们制定战略性的计划，作为一家正在快速成长的企业，更需要保护好自己的商业秘密。

所以，作为企业的老板，你一定要知道你为了什么而上市。否则，就会陷入佛语说的"背心关法，为法所困"。可以说，顺丰在短期内不可能上市，未来也不会为了上市而上市，为了圈钱而上市。

在为数不多的几次与媒体的交流中，王卫都表明顺丰不会上市的观点。在外人看来似乎有些不可理解，谁都知道"上市"对于一个企业意味着什么，对一个想成为行业龙头企业的公司又意味着什么。"上市"在中国乃至世界企业界一直都是一个炙手可热的词，上市就像一件"千金裘"，谁都想穿上。2014年，被看作是中国企业集中上市年，大家熟知的新浪微博、京东都上市了，阿里巴巴也打算上市。

只不过，顺丰依旧没有上市的打算，所以很多人都认为王卫是个"油盐不进"的人。王卫则不这样认为，他说："我做企业，是想让企业长期地发展，让一批人过上有尊严的生活。上市的话，环境就不一样了，你要为股民负责，你要保证股票不断上涨，利润将成为企业存在的唯一目的。这样，企业将变得很浮躁，和当今社会一样浮躁。"

可能正像《基业长青》一书的作者詹姆斯·柯林斯和杰里·波勒斯所写的："如何建立一个伟大并长盛不衰的公司？有思想的人们早已经厌倦了'年度流行语'般稍纵即逝的管理概念，他们渴求获得能经受时间考验的管理思想。它打破了旧有神话，提供了新颖的见解，并为那些有志于建立经得起时间考验的伟大公司的人提供了实际指导。"一个有见解的领导者，就是一个特立独行的人，他们总是不断地打破旧有的思想格局，不人云亦云，坚持该坚持的，不为大趋势所折服。

王卫如是，华为的任正非如是，老干妈的陶碧华如是，立白集团许晓东如是，方太集团的茅忠群如是，娃哈哈集团的宗庆后如是……他们都坚持不上市，也各有各不上市的理由，比如，任正非说："如果大量资本进入华为，就会多元化，就会摧毁华为 20 多年来还没有理顺的管理。"方太集团总裁茅忠群说："做高端最重要的是要耐得住寂寞，你不能看着人家中低端市场大就眼红。我们也从来不给别人贴牌，因为我们不是定位'世界工厂'，方太要打造的是品牌。"

林林总总，正是这些大佬们的固执，才让中国有了一些不一样的企业，世界有了不止"中国制造"的概念。也许王卫是对的，也许王卫是错的，这些只有时间来证明，做企业有时候可能就是需要凭借一些理想和坚持。

在 2008 年那场席卷亚洲的金融浩劫中，大量快递企业因资金链条崩溃而破产关门，一位顺丰内部人士曾对媒体说，当时公司上下人心不定，对于公司和自己的未来，他们都不知道该怎么办。这时王卫却对大家说："如果要倒，也要让大家记得，曾经有一家叫顺丰的民营企业，能从心底让对手感到可怕更可敬！人可以输，但不能输掉尊严！死随时都可以，但要死得有价值！战死，好过做俘虏。"

2　我没有条条框框，只想找到问题的答案

2016 年春节刚过，资本市场就悄悄流传着一个重磅消息——顺丰要上市啦！此时距离王卫抛出"上市圈钱论"仅仅不到一年。这种转变着实让人有些应接不暇，也让一直拒各路资本于千里之外的顺丰飞上了舆论的风口浪尖，甚至有人认为这种消息可能只是一次"炒作"。

那么，事实究竟如何呢？

2016 年 2 月 19 日，顺丰控股发布上市辅导公告，顺丰首次公开承认已经启动国内上市流程。按照公告内容，顺丰拟在国内证券市场首次公开发行股票并上市，目前正在接受中信证券股份有限公司、招商证券股份有限公司、华泰联合证券有限责任公司的辅导。按照顺丰的行业地

位、资产规模与盈利状况，以及雄厚的央企股东资源，上市计划或许会推进得异常迅速，不排除 2016 年年内上市的可能。

这则公告彻底坐实了顺丰要上市的消息，这下围绕着顺丰缘何一改往日"高冷"的风格，直接向资本市场抛出"媚眼"展开了各种猜测，甚至有人将原因归结于顺丰资金链出现了问题。当然，这种揣测并非空穴来风。近几年，顺丰不仅积极试水电商等领域，而且在多元化投资的道路上越走越远，对资金的需求必然大得惊人。加之快递行业的利润空间逐渐缩小，可以说没有哪个快递公司敢说自己不缺钱。

尤其是 2015 年年底，诸多顺丰员工爆料称："顺丰总部正在大批裁员，所有入职不到半年的员工，全部裁掉，并且裁员延伸至一线员工。"顺丰裁员的消息一时甚嚣尘上，有人甚至向媒体爆料，实际上顺丰的大规模裁员早在 2015 年"双十二"之前就开始了，技术部门被裁员 20%，其他部门被裁员 30% 左右，而这一次裁员更是延伸至一线员工。裁员的消息五花八门，事实上顺丰也的确裁员了。

只不过，顺丰对于裁员的原因进行了不同的说明。顺丰公共事务部负责人陈欢对《证券日报》的记者说："公司根据员工的考核标准实行末位考核机制，可能会调整员工的岗位，主要是希望在公司快速发展中，提醒员工加强自我修炼，跟上企业变革的思想，跟上企业发展的脚步。"

实际上，大公司在发展的各个阶段都会有裁员计划，这并不能被视为是一个企业涉身危机的标准。同样在 2015 年，有人做过专门统计："世界 500 强"企业榜单中，共有 115 家在 2015 年制订了裁员计划。其中，入选的 177 家美国企业中有 62 家宣布裁员，占总数的 35%。宣布裁员的企业甚至包括大名鼎鼎的微软、西门子、IBM、eBay、联想等，如果单要凭借裁员一事来证明企业发展出现大的危机，未免太过于片面。

正如很多内部人士所言："顺丰现在每天都在招人，也在辞退人，这次的'裁员风波'不过是放大了员工离职事件，是对顺丰负面新闻的恶意炒作。如果顺丰资金出现问题，那么首当其冲的应该是像'嘿客'这类在目前看不到未来的业务，可实际并不是这样的。大环境不乐观应该是此次顺丰'裁员风波'的原因之一。"

这种说法应该公允很多，从世界范围内来看，经济大环境并不理想，这也是众多"世界 500 企业"也纷纷制订裁员计划的原因所在。

其实，一个企业上市与否，与其在不同发展阶段的需求息息相关。王卫带领顺丰冲杀市场，对于各种"流言蜚语"早已习以为常，或正面或负面对他来说不会有丝毫影响，因为顺丰真正需要怎样的发展道路和发展战略，只有他最清楚。正如他说的："有时我们学了某个框架就想套用，因为不理解设计初衷总会有不匹配。二十多年来我一直在寻找适合的框架，最终是佛学的因果循环让我很开窍。我不想被条条框框所束缚，只想找到问题的答案。"

这才是王卫关于上市和不上市决定的根本答案，只要顺应顺丰发展需要就可以实行，不需要和外界或者是不相关的人多做口舌之争。也只有这样，才能在企业发展的关键点当机立断，做出最适合企业当下实际需求的战略。试水电商如此，开办"嘿客"如此，上市也当如此。

3 放弃"资本洁癖"，王卫主导顺丰
融资首秀

王卫在在顺丰的内部发言中多次强调："具有冒险精神、敢于创新、敢于承担，这才是顺丰文化和顺丰精神所推崇的。"顺丰在发展中，几乎年年都有变化，比如，王卫打破加盟制的模式，力推直营；再比如，从 2009 年就开始筹建自有货运航空公司，并在 2009 年成为首家用自己的飞机运包裹的快递公司……在王卫看来，做企业就要在变化中求发展、求机遇，可以说，顺丰唯一不变的就是改变。

于是，在 2013 年，王卫又为顺丰图了一次变革。这次王卫一改往日对资本的冷漠，主动接受了元禾控股、招商局集团、中信资本的投资。它们的总体股份不超过 25%，总额 80 亿元。对于顺丰来说，在 20 多年的发展过程中，这是一次巨大的变化，而这份融资意味着为推动顺丰战略转型提供了丰厚的资金。

也就是这第一次与资本握手，让外界开始揣测顺丰是否在为上市铺路，甚至有分析认为，由于国内 IPO（首次公开募股）还不知何时重启，且有太多的企业在派对，欧美市场对顺丰模式的接受程度又不高，因此如果顺丰要上市，最有可能选择香港。

不过，对于这些传言顺丰给予了否认的回应。时任顺丰副总裁的王立顺说："顺丰开放股权意在核心业务发展方面'再提速'，没有上市计划，这与其他快递行业力图在资本市场上的跑马圈地截然不同。三家新股东对于上市没有要求，与顺丰签署的协议中，也没有关于上市的相关条款。"

虽然从王卫到高层都将此次融资与上市之间的关系摘得一干二净，但事实上在顺丰上市的道路上，这次融资是一次极具深谋远虑的选择。只不过，人们更加好奇为何一直对资本说"不"的王卫这次点了头？一时间各种猜测不绝于耳，比如融资上市说、国际快递巨头打上家门、"菜鸟"倒逼说等。

当然，这里不得不说说后面这两个关键性的事件。

早在 2012 年 9 月，王卫秘密"接触"资本的消息就在网络上爆红，当时有业内资深人士爆料称，顺丰已在考虑融资事宜，已与包括弘毅、中信等在内的多家顶级 PE 洽谈。当大家都以为这又是一次有心人搭顺丰大树蹿红的炒作事件时，顺丰官方则给出了一则耐人寻味地回应消息："一直以来都有资本找顺丰洽谈，但顺丰并未与任何资本签订任何协议。感谢大家对顺丰的关心！"

各方猜测归于平静，不过有些人也注意到，顺丰并没有直接、坚定地否认未来将参与融资运作。几乎是同时，国家邮政总局发布了一条重要消息，联邦快递和 UPS 两大国际快递物流行业巨头获得国内快递业务牌照，并且国家邮政局批准这两家快递公司经营国内快递业务。这是 2009 年邮政法实施以来，境外快递企业首次获得国内快递牌照。

对于一直定位于中高端市场的顺丰来说，这一消息意义更加重大，它们的到来将会给顺丰造成较大威胁。正如中投顾问高级研究员申正远所说："与顺丰等国内企业相比，这些外资巨头的优势主要在于物流信息化、标准化水平较高；物流基础设施综合效率较高；服务能力较强。"

一波未平一波又起，2013 年 5 月 28 日，阿里巴巴集团、银泰集团联合复星集团、富春控股、顺丰集团、"四通一达"、宅急送、汇通，以及相关金融机构共同宣布："中国智能物流骨干网"项目正式启动，合作各方共同组建的"菜鸟网络科技有限公司"正式成立。

在电商做物流向下走与快递公司做电商向上走之间，显然不是后者难度更大。虽然王卫在快递领域让马云佩服，但王卫对于马云是否会像京东一样做物流，内心应该有所忌惮。尽管马云反复强调："我们不会抢快递公司的生意，阿里巴巴永远不会做快递，因为我们没有这个能力，我们相信中国有很多快递公司做快递可以做得比我们好。"但是商场如战场，企业的逐利性谁也无法改变。

王卫肯定要在一切还未发生之前做出改变，这是不争的事实。而顺丰要改变，资金肯定是先决条件。在"菜鸟"成立三个月后，顺丰便与元禾控股、招商局集团、中信资本三家资方达成了合作协议，所以将"菜鸟"说成是顺丰融资的催化剂也未尝不可。

无论如何，一直被视为有"资本洁癖"的王卫，最终还是张开双臂拥抱了资本。尽管顺丰一再表示此次融资与上市毫无瓜葛，不过王卫此举应该不会如此简单。北商商业研究院经分析后认为：顺丰其实并不是为了融资，而是为了取得这三家公司背后的资源。

正如中信证券分析师苏宝亮所说："顺丰选择国资背景的三家机构，主要了看中了它们的资源，顺丰面临较大的资金缺口，要配备强大的分拣中心和航空运输队伍，而招商局在深圳有强大的海陆空资源，中信和元禾控股在海外并购扩张方面都能提供经验和资金支持，这些是花旗等其他机构无法比拟的。"

这也与王卫一直坚持的原则相一致，始终不会将一手创立的顺丰卖掉。既要融资，也要寻找战略合作伙伴，引入的投资将用于基础性设施建设，推动企业向健康有序的方向发展，而不是炒概念、搞泡沫。

在王卫看来，不管是对于他个人还是整个顺丰来说，2013 年都经历了非常大的变化，如他所言："在这短短一年的时间内，我们做了好几件过去 20 年顺丰从来没有尝试过的大事，其中最重要的就是推动战略转型。"

基于这种认识，实际上也可以看出一个关键问题，此时的顺丰在基础建设方面仍需要完善。其实，至于什么时候合适，在哪个节点开始，恐怕王卫内心已经有所打算。

4 快递公司上市已成行业抑制不住的
洪荒之力

2016 年 5 月，随着顺丰快递宣布将借壳鼎泰新材上市，中国最受关注的快递企业即将上市的传闻得到证实。这说明，在经历了长达 10 年的年均达 40% 的高速增长之后，中国的快递行业正式迈入上市元年，走进了"互联网 + 大数据"风行的年代。

毫无疑问，现代快递行业也是资本密集型产业，需要大量的运力设施、快件分拣场地和设施以及端到端的 IT 信息系统，这些都是真金白银的沉淀。获得资金后，为了在全程时效和运营质量上取得明显提高，在价格之外形成最为关键的差异化竞争要素，各上市企业的资金投放会集中在四个主要缺口上。

1. 快递车辆

包括城市内集输揽投车辆以及城市间干线上的主力运输车辆的更新和增添。

2. 航空运力的进一步增强

包括飞机维修能力的加强、新的运力的采购等，主要是顺丰。

3. 转运／分拣处理中心的增加、扩建和设施升级上

比如大规模投放自动化分拣设备。这将是此轮资本募集以后的一个关键变化，为了获得可持续的竞争力，国内各大快递企业一定会在转运分拣环节加大自动化设备的投放，只有这样才能明显增强产能和效率，曾经的人海战术已经不再是快递行业的根本，高速自动分拣设备将逐渐成为行业内的标配。

4. 端到端的信息系统的升级

终端系统包括揽投人员的手持设备、从揽投点到城市集散中心和枢纽转运节点全链条的数据采集以及后台运算设备和系统。未来快递行业的发展趋势是信息化、智能化，只有加大信息化终端的投入，才能不断改善末端用户的体验，才能为快递企业基于大数据的运营优化以及增值服务的开发奠定基础。

目前，顺丰在中国快递行业的信息化水平已经非常领先，但仍然需在信息服务平台、购买航材、中转场建设等方面投入大量资金。

快递行业在获得资金后，就可以在短期内，在原有基础设施架构的基础上改善重点线路。通过更多的设施、车辆的投放以及信息系统的逐

步升级，物流企业的服务质量得到了提高，主要表现为：快递全程时效缩短，损坏丢失等比例的下降，重点市场的揽投频次进一步加密，全程信息的可塑性进一步加强。总的来说，用户将得到更好的使用体验，终端用户对快递价格的苛求会在一定程度上降低，开始更加关注服务内容和质量。

在上市公司还没有规范、透明的约束机制之前，中国的快递行业的精确数据非常少，业界根本看不透快递行业，也无法做出深入分析。上市无疑将更加全面地披露很多企业内部的景象，而众多上市公司数据的披露则意味着全行业的透明性极大地需要加强，也有利于有效展开更多实质性建议和量化分析。中国快递企业存在很多不规范行为，而上市规则正好可以促使企业不断修正自身的行为，从而推动这个就业规模巨大的行业走上更为良性的发展轨道。

以顺丰为代表的民营快递的国际化雄心已经大白于天下，快递公司已经通过各种方式积极布局。资本的介入将对海外自营网点的建设、航空运力的建设、海外联盟合作伙伴的开发商给予极大的支持。"中国的 FedEx"已经不再是一个遥不可及的梦想。依托在国内积累的客户资源和信誉口碑，中国企业开拓国际业务有相当稳定的基础。由于三大巨头垄断着国际快递业，在一定的价格默契之下，整体利润比国内快递大得多。一旦国内快递企业的国际网络初成体系，非常有可能对三个国际巨头的国际定价体系发起进攻，这个消息对国际巨头来说是个噩耗，届时将在更大范围内展开长期的惨烈对抗。总的来说，在经历了十年的快速发展之后，中国的快递行业欢迎大幅资本介入是情理之中的事。

中国物流学会特约研究员杨达卿表示："'四通一达'等快递则普遍依赖阿里的生态圈，要推动它们缓解这种依赖，上市肯定是一个很有效的途径。"顺丰虽然被认为不依赖某个生态圈，不过顺丰此番借壳上市的布局，仍然是为了与其他快递公司对抗。如果其他快递企业为了追求更大资本而联合起来，那么顺丰也担忧失去自身的优势。

顺丰已经不是一家简单的物流公司。其内部将原有业务板块划分为六大业务事业群，并进行独立运营，这六大事业部分别是：速运事业群、商业事业群、供应链事业群、仓配物流事业群、金融服务事业群、顺丰国际事业群。业务涉及速递、跨境电商、生鲜电商、金融支付、无人机等，比如，顺丰的跨境电商网站"顺丰海淘"，改名为"丰趣海淘"；联手中信银行跨界合作，推出共有品牌的"中信顺丰付"，试图打通电商链条上的支付环节。

顺丰的路子越来越广，三年前的 80 亿融资难以维持如此巨大的盘子。物流专家赵小敏表示："加快 IPO 进程，主要是因为国有资本介入后对投资回报率有一定的要求，现在集团多样化经营对于资金也有一定的要求。"

5 借壳上市，顺丰快递竞争壁垒格局已成定局

2016年注定是中国快递行业的上市元年。中国民营快递一哥顺丰终于对外公布了借壳上市的计划。通过这次顺丰借壳上市公布的信息，可以对顺丰未来的发展以及中国快递市场的格局做出一些判断和预测。

顺丰自2013年引入4家国有背景的投资机构入股以来，业内一直关注顺丰的上市时间，然而这并不能理解为顺丰没有上市计划，根据王卫一贯的低调风格，可以断定顺丰只是不想太过高调。

此次宣布借壳上市计划，说明顺丰非常渴望上市，避免被主要竞争对手占得先机。通常来说，获得多样的募集手段和更为广泛的资金募集渠道，是上市企业的主要目的之一。但顺丰不会为了资金而上市。顺丰

以快递行业为核心业务，一直拥有非常良好的现金流与债务偿还能力。

上市的另一目的是通过资本市场的融资平台促进基于高效和综合物流服务商的定位上，发展多元化业务，建立竞争的新壁垒。

经过多年的发展，顺丰已经在国内快递市场形成了自己的几大特点：

（1）坚持定位中高端市场，避开日益激烈的价格战。

（2）在快递领域，以相对均衡的产品线，避开了唯电商件马首是瞻的尴尬局面。顺丰的服务水平很高，顺丰的快递品牌在国内市场、特别是C端用户心中，口碑一直不错，有一定的市场影响力。应该说，顺丰过去最大的竞争壁垒就是这种良好的口碑。

在新的经济形势下，各快递公司都面临一些挑战和变化，顺丰也不例外。首先是宏观经济形势变化，中国经济开始进入新常态，增长放缓不可避免，在快递行业中的表现是虽然收入持续增加，但高昂的成本使得利润开始降低。

此外，中国快递行业经过20年的高速增长，目前仍然在快速增加，每年的增长率最低也有20%，这是在其他行业中不曾出现的，但是那种年增长40%~60%的光景恐怕不会重来了。此外，在互联网思维的影响下，各行业都在进行跨界，跨界之战不断升级，在快递行业的直接表现是，一些具备实力的企业为了打造自己的竞争壁垒，逐渐开始自建物流，这种竞争壁垒虽然是对电商企业而言，但物流公司的市场份额被分走了一部分。

顺丰必然要想办法应对市场的变化。2013年，顺丰在公司成立20年之际，通过引入中信资本、元禾控股、招商局集团、古玉资本作为战略投资者，4家投资方将获得不超过25%的顺丰速运股份，成为顺丰新股东。此举的目的是在转型中寻找同盟，应对更为激烈的市场竞争。

此时借壳上市就是一次契机，可以让顺丰重新梳理与定义自身的业务流程与逻辑关系，对外则产生新的壁垒，对内产生新的凝聚力。

根据已经披露的公告信息可以发现，顺丰借壳上市募集的资金主要用于"中转场建设项目、飞机航材购置项目、冷运车辆与温控设备采购项目、信息服务平台建设及下一代物流信息化技术研发项目4个子项目。募集资金项目建成后，将促进上市公司经营规模的扩大、服务水平的提高以及管理效率的提升，实现上市公司的长期战略规划目标"。

在顺丰募集资金用途所涉及的项目中，与物流公司的硬件与基础设施相关的占到了3个。特别是第二、第三项，都是顺丰近年来大力发展的新业务，这一点耐人寻味。

顺丰航空拥有的货机数量，在国内航空货运领域一直领先。2016年的5月3日，顺丰集团发出消息称，顺丰航空第29架和第30架全货机已经到达，这意味着从2009年开始，顺丰航空的机队在短短6年时间内，从最开始的两架全货机发展到30架全货机。

业内曾有分析认为，未来中国货运航空权的争夺，必然发生在邮政和顺丰之间。在航空布局方面，其他竞争对手远远落后这两家公司，无论是运力还是航线资源，两家公司的发展历史都比较长，且都投入了大量资金，这是其他竞争对手望尘莫及的。而在公布的借壳计划中，这部分的投入还会加大。公告指出：货运飞机相关航材购置、飞行员的招募将更好地支持上市公司航空货运网络的扩展，扩充现有航空运力，提高运行保障能力与抗风险能力，为提升上市公司快件航空运输效率提供必不可少的物质支撑。

早在2014年年初，冷运就出现了同样的情况，胸怀大志的顺丰冷运提出要做全国第一冷链的目标。2013年，中国冷链需求规模达到9200万吨。专业的冷链配送整体成本是普通配送的3~5倍，属资金密集型企业，需要高技术、高投入。

所以，目前中国的冷链市场整体上还属于小众细分市场，并没有出现巨无霸级的巨头。主要原因是资金和硬件门槛投入比较高。顺丰在上市后，也会在这方面加大投入，公告指出："对于上市公司目前大力发展的冷运业务，上市公司通过冷运车辆与温控设备的购置，提高冷链运输速度与运输质量，为客户提供高水平温控服务，以迅速抢占市场份额，提高上市公司市场占有率。"公告透露的信息说明，现在是抢占市场份额的好时机，原因是冷链市场集中度过低。

以上两个顺丰准备发力的领域，有个共同特点，就是需要重资产的投入。这也是新壁垒的关键之处。虽然投入固定资产的弊端是投资回报期较长，益处是升值空间大，而且具备平台化运作的可能。因而，顺丰未来最大的竞争壁垒之一必然包括重资产。

纵观世界快递巨头的发展轨迹，无论 UPS 还是 FedEx，都是以快递服务为主业的综合物流服务商。这里面的综合，可以包括几个层面的含义：

（1）这家物流服务商既可以服务 B 端，也可以服务 C 端；

（2）这家物流服务商可以提供不止一种的承运方式服务；

（3）这家物流服务商可以提供一站式或者一揽子的解决方案。

中国物流企业的综合服务能力与两大国际巨头相比，有很大的区别，但无疑顺丰是其中最接近的备选者。这就涉及顺丰的另一个竞争壁垒——综合服务能力。

电商和快递业在发展中是相互促进关系，然而顺丰在快递业内属于标杆企业，其长远发展不能完全指望单一的快递业务。快递企业对电商业的依赖性非常强，自身的盈利空间正在萎缩，而且在未来三五年的时间内，萎缩的局面不会好转。鸡蛋不能都放在同一个篮子里，顺丰深谙这个道理。从快递业务看，顺丰除电商件外还有商务件等其他产品线，相对来说，顺丰对电商业的依赖性不如其他快递企业高，目前顺丰除了快递也在发展其他业务。

经过多年发展，顺丰控股已在物流圈构建了集物流、资金流和信息流为一体的开放生态系统。在物流方面，顺丰控股可以为客户提供全方位多品类的物流快递服务，包括商务快递、电商快递、国际快递、仓储配送、逆向物流等多种快递服务，以及物流普运、重货快运等重货运输服务，同时为食品和医药领域的客户提供冷链运输服务。

在物流服务基础上，顺丰控股提供保价、代收货款等多种增值服务，以满足客户个性化需求。资金流方面，顺丰控股拥有第三方支付、融资租赁、保理、小额贷款等多个金融牌照，可以为客户提供第三方支付、供应链金融、银行卡收单、理财等多项金融服务。信息流方面，顺丰控股提供的快递服务不但已经实现全业务流程信息跟踪查询和管控、投递路线动态优化、运力预警、车辆运输异常警告等功能，信息处理能力位居行业前列。同时顺丰控股利用大数据分析和云计算技术，可以为客户提供销售预测、提前发货、数据分析等信息服务。

由此可以发现，顺丰要将物流、资金流、信息流为一体，并特别还强调了物流基础服务。一般消费品和制造型企业所能涉及的物流服务，都已经为顺丰的物流业务涵盖。王卫提出的物流超市的构想基本已经实现。

顺丰已经实现了立体化的业务构造：在客户类型方面，B端和C端客户都可以涉及；在运输方式方面，有陆运和空运；在一站式服务方面，国内并不存在完全做到基于供应链解决方案的企业，不过顺丰有一大优势——推出了许多个性化服务的延伸，个性化服务的终极目的，仍然是向标准化转化，从而实现真正的无死角的服务。顺丰已经具备了这方面的潜质。

顺丰上市是证明一家第三方物流企业完全可以遵循自己的战略选择，找到适合自己的突围路径，这就必然要求顺丰重视资本的力量。

然而，对于顺丰来说，坚定的战略选择以及尝试创新的勇气，才是最重要的条件。这两年，顺丰进行多方位的突围试错，有人表示难以理解，有人对此提出质疑，包括王卫在内的顺丰管理团队的管理能力，都曾被人质疑。不过从以上公告中可以发现，顺丰最大的竞争力仍然是对自己的战略选择始终坚定不移。

市场认可并欢迎顺丰上市的决定，在 2016 年 5 月 23 日顺丰控股拟借壳上市的消息公布后，当日午后物流板块就迎来一轮升势。截至收盘，该板块整体涨幅 2.29%。业内人士认为，顺丰上市融资将推动整个行业的发展。按照国务院印发的促进快递业发展若干意见，到 2020 年快递年业务量达到 500 亿件，业务收入达 8000 亿元。因而与物流相关的多个领域，都将迎来加速发展机遇。

无论如何，现在是快递上市最好的时机。目前快递行业已经进入一体化、集约化和资本化的时代，它们必然要选择上市。如果不上市的话，企业则会失去重大的发展机遇。一旦上市，快递企业就会抢占市场先机。以加盟式为主的"四通一达"，都已经开始计划借壳上市，而顺丰作为快递业排名第一的企业，如果再拒绝资本和上市，那么它的未来就要被人怀疑了。

6　上市后的顺丰，谜一般的王卫
"500亿"的身家

在鼎泰新材公布的重组方案，顺丰将自己描述为"国内领先的快递物流综合服务提供商，主要业务包括快递、仓配、冷运、供应链、重货运输及金融等业务板块，可以为客户提供包含物流、金融服务、信息服务在内的一体化解决方案"，并强调"经过多年发展，顺丰已在物流圈构建了集物流、资金流和信息流为一体的开放生态系统"。

其实，顺丰控股掌门人王卫此前曾多次表示顺丰没有上市的计划。顺丰借壳鼎泰新材，反映出行业正面临变革，企业正处于转型期，这种变革与转型需要借助资本市场的力量。而顺丰之所以借助资本的力量，与近几年顺丰的战略布局和快递业的竞争有很大关系。

在国内市场方面，顺丰的优势业务是商务件，但商务件市场本身市场容量有限，近年来受经济形势的影响，商务件的增长面临比较大的挑战。但善于打价格战的"通达系"快递公司，也开始进军商务市场，这对顺丰来说是不利的。

尽管顺丰在 2015 年的营业收入为 482 亿元，但是圆通和申通分别也有 117.4 亿元和 77.1 亿元的营业收入。而从净利润来看，2015 年顺丰为 19.6 亿元，圆通和申通则分别为 7.17 亿元和 7.6 亿元。

从国际竞争角度分析，快递市场分国内和国际两个市场，而目前快递市场是属于内热外冷情况。相比于三大国际快递巨头企业，顺丰在国际市场上有价格优势，比如顺丰海外淘业务的价格就比国际快递公司便宜一半；然而在国内市场，顺丰并不占据价格优势。

为了走向国际市场，顺丰加大了在航空领域的投资，建机场、买飞机，建设分拨中心，前前后后总投资将达 200 亿元。可见不管是转型还是扩张规模，顺丰都需要大量资金。顺丰上市无疑能在一定程度上缓解资金压力，以便追随行业趋势更好地发展。之所选择借壳上市，很可能是 IPO 排队时间太长。

从顺丰发展的历程可以发现，顺丰的股权结构一直都非常简单，虽然在 2008 年出现了一定的变动，但实际控制者一直是王卫。2013 年 9 月，顺丰以增资方式引入嘉强顺风、招广投资、元禾顺风及古玉秋创四个战略投资者，这些投资者拿到了 24.51% 的股权。2015 年 12 月，顺丰以增资方式引入顺达丰润和顺信丰合两个员工持股计划，使得员工持股在总股本的占比达到 10%。

以此来看，顺丰在上市之前，顺丰只进行过两次融资，分别面向战略投资者和员工，且交易公开。

此次借壳方案的设计也体现了"简单"的资本运作思路。按照计划，顺丰此次还将募集配套资金 80 亿元，并未采取更为常见的"锁价"定价方式，而是宣布面向机构进行询价。业内人士分析，顺丰放弃向"自家人"锁价发行的机会，或是为了让借壳方案在审核过程中更加通畅无阻。

根据计划，募集的 80 亿元配套资金的使用方式为：扣除中介费用及相关税费后将用于标的公司航材购置及飞行支持项目、冷运车辆与温控设备采购项目、信息服务平台建设及下一代物流信息化技术研发项目、中转场建设项目。根据方案，顺丰拟通过重大资产置换、发行股份购买资产及募集配套资金三大举措，向整体证券化迈进。如果完成这项交易，王卫将根本上掌控上市后的公司。上市后的顺丰市场预估值将达到千万亿元，可以想象王卫的身价将要涨多高。

值得一提的是，顺丰选择"向机构以询价方式发行"，契合了当前监管层压缩在融资中套利空间的监管思路。

经过借壳上市交易后，顺丰控股的全部股权初步作价 433 亿元，而申通和圆通借壳上市的估值分别为 169 亿元和 175 亿元，可见顺丰的股价已经大于两者之和了。以王卫的持股比例计算，其身家已经高达 296 亿元。

然而，这只是一个保守的估算。如果考虑 5 个涨停后的估计，王卫的身家有望再增加 60%。